Andreas Borschke

John Locke im Lichte der kantischen Philosophie

Ein Beitrag zur Geschichte der neueren Philosophie

Andreas Borschke

John Locke im Lichte der kantischen Philosophie
Ein Beitrag zur Geschichte der neueren Philosophie

ISBN/EAN: 9783743430242

Hergestellt in Europa, USA, Kanada, Australien, Japan

Cover: Foto ©Thomas Meinert / pixelio.de

Weitere Bücher finden Sie auf **www.hansebooks.com**

JOHN LOCKE

im

ichte der Kantischen Philosophie.

Ein Beitrag zur Geschichte der neueren Philosophie.

Aus den Quellen dargestellt

von

DR. ANDREAS BORSCHKE.

VORWORT.

> „Wie doch ein einziger Reicher so viele Bettler in
> Nahrung
> setzt! Wenn die Könige bau'n, haben die Kärrner
> zu thun."

Mit diesen bekannten Spottworten über die Ausleger Kant's wollte Schiller gewiss nicht jeden literarischen Versuch über die Kantische Philosophie tadeln. Der Spott träfe zunächst ihn selbst, und seitdem sind so viele und so vornehme Kärrner in den Dienst des grossen Königs getreten, dass ein Neuling ihrer Gesellschaft sich wahrhaftig nicht zu schämen braucht.

Nur verlangt man mit Recht bei der Reichhaltigkeit der Kantischen Literatur von neuen Schriften dieser Art, dass einerseits das Ei nicht klüger sein wolle als die Henne, und dass man andererseits darin etwas mehr vorfinde als ein Wiederkäuen dessen, was schon hundertmal geschrieben und gedruckt worden ist.

Das erstere Verlangen zu erfüllen, wird mir nicht viel Mühe schaffen; ob ich aber auch in der anderen Weise den Erwartungen genügend entspreche, das muss wohl der Leser selbst entscheiden.

Jedenfalls ist das Thema dieser Schrift kein vielbesprochenes. Eigens behandelt wurde es, meines Wissens, nur von M. W. Drobisch („Ueber Locke, den Vorläufer Kant's", 1861, Zeitschrift für exacte Philosophie, 2. Bd. 1. Heft), der übrigens das Thema mehr anregen als erschöpfen wollte, da er selbst erklärt, nur auf einige Punkte aufmerksam machen zu wollen, wo Kant sichtbar in Locke's Fussstapfen trat, ohne doch seiner zu gedenken.

Ich aber will vom Standpunkte der Kantischen Philosophie aus das Hauptwerk Locke's in allen seinen Theilen beleuchten und so alle Berührungspunkte der beiden Philosophen aufzufinden versuchen.

Es berührt also diese Schrift den Vater der deutschen Philosophie nur mittelbar; unmittelbar wird die Rede sein vom Engländer Locke.

Der Zweck dieser Zeilen ist nämlich: nachzuweisen, dass John Locke dem Systeme Kant's mehr vorgearbeitet habe, als man gewöhnlich anzunehmen pflegt, und dass der englische Philosoph es nicht verdient, so in Vergessenheit oder Misscredit zu gerathen, wie es factisch in Deutschland geschehen ist.

Also eine Art Ehrenrettung des Engländers vor dem deutschen Publicum? Wenn man es so nennen will, allerdings.

Man wird fragen, wie ich dazu komme. Die Sache ist höchst einfach. Ich bin in meinen philosophischen Studien durch meinen Lehrer Robert Zimmermann veranlasst worden, den Philosophen Locke und seine Stellung zu Kant näher in's Auge zu fassen. Ich hatte anfangs — offen sei es gesagt! — keinen gar zu grossen Respect vor Locke, der mir, nach der landläufigen Auffassung, als ein gelehrter und verdienstvoller, aber keineswegs als epochemachender Philosoph erschien. Aber während meines weiteren Studiums wuchs vor meinem Auge die Gestalt des Engländers so gross empor, dass sie selbst neben dem Riesen Kant nicht zwergenhaft erschien, wie ich es mir in Gedanken früher ausgemalt hatte. Immer bestimmter bildete sich in mir die Ueberzeugung, diesem Manne geschehe Unrecht, und speciell seine Vorarbeiten für Kant und die gesammte deutsche Philosophie seien weit bedeutender, als man gemeiniglich annimmt. Ich ertappte nicht nur den Vater Kant selbst auf einer halb unbewussten feindseligen Abneigung gegen Locke, sondern ich fand auch fast in allen deutschen Philosophen-Arbeiten Locke unterschätzt, mitunter auch — gar nicht gekannt.

Im Namen der anerkannten Gerechtigkeit deutscher Wissenschaft fühlte ich mich fast verletzt, und so beschloss ich, irgend eine Gelegenheit zu benützen, um Locke in ein besseres Renommée zu bringen. Diese Gelegenheit wird mir durch diese Programm-Arbeit, und ich ergreife sie mit Freude, indem ich nur den einen Wunsch hege, dass meine Kräfte sich nicht allzu schwach erweisen mögen.

Allerdings ist der Leserkreis für eine solche Arbeit bekanntlich kein grosser. Vor Allem gehört dazu die studirende Jugend unserer Anstalt — in diesem Falle natürlich nur die der obersten Classen. Dieser zunächst widme ich diese Schrift und empfehle ihr die Lectüre derselben.

In unserer Zeit hat ja die Philosophie aufgehört, gleich den eleusinischen Mysterien, eine Art Geheimlehre für die Eingeweihten zu sein, und immer allgemeiner wird das Interesse für sie. Ja selbst scheinbar heterogene Wissenschaften suchen schon die Philosophie in ihren Dienst zu zwingen.

Eine Beschäftigung mit Philosophie scheint mir aber geradezu unmöglich, wenn man mit dem Grundgedanken des Kantischen Systems nicht vertraut ist.

Die beste Einführung in dieses System ist nun eine leicht verständliche Darstellung der nächsten Vorarbeiten welche durch die beiden Engländer Locke und Hume geleistet wurden. Mit Recht sagt Dühring in seiner kritischen Geschichte der Philosophie: „Locke, Hume und Kant repräsentiren für die wichtigsten Probleme drei Stufen der Auffassung, von denen man die spätere ohne die frühere und die frühere ohne die spätere nicht vollständig begreifen kann." Da ich mich nun bemüht habe, in leicht verständlicher Sprache einen genügenden Einblick in die Leistungen dieser drei Männer zu verschaffen, so dürfte diese Schrift für Studirende bei ihrem Uebertritte zur Hochschule keine unwillkommene Gabe sein.

Es wäre aber auch mein frommer Wunsch, bei dem gebildeten Publicum überhaupt Interesse für die hier behandelte Frage zu finden. Der Aufschwung der Naturforschung hat in unserer Zeit eine ähnliche geistige Strömung erzeugt, durch welche im 17. Jahrhunderte auch Locke fortgerissen wurde; daher wird es nicht unzeitgemäss erscheinen, auf den halbverschollenen englischen Denker wieder hinzuweisen, der in der entschiedensten Weise der deutschen Philosophie und Naturforschung vorgearbeitet hat. Man fürchte übrigens nicht, dass ich meine Ansicht von der unverdienten Unterschätzung Locke's ohne weiters Jemandem aufzudrängen versuchen werde; der Leser wird durch die Darlegung aus den Original-Werken der beiden Philosophen selbst Gelegenheit finden, sich sein Urtheil zu bilden. Nur muss ich Fachmänner bitten, nicht zu übersehen, dass es meine Aufgabe war, zunächst für die studirende Jugend zu schreiben; desshalb musste ich auch vor der detaillirten Analyse des Locke'-schen Werkes und dessen Vergleichung mit der Kanti-schen Philosophie zuerst die Stellung der beiden Philo-sophen klar machen und überhaupt auch Dinge besprechen, die nichts weniger als neu sind.

Die verschiedenen Hinweisungen auf die einschlägige Literatur werden vielleicht manchem Leser unnöthig und störend erscheinen; doch hielt ich sie für nothwendig, um dem Vorwurfe der Einseitigkeit und Oberflächlichkeit zu entgehen. Uebrigens habe ich, um die Lectüre zu erleichtern, alle Notizen und Citate, die nicht unmittelbar in den Context gehören, unter die Linie gesetzt.

Damit auch die Citirung vereinfacht werde, will ich gleich an dieser Stelle die benützten Originaltexte und diejenigen Werke anführen, denen ich die meiste An-regung verdanke:

Immanuel Kant's sämmtliche Werke. Herausgegeben von K. Rosenkranz und F. W. Schubert. Leipzig 1838 bis 1842.

An essay concerning human understanding by John Locke. 38. Ausgabe. London.

Die neuere Ausgabe der Werke Kant's von Harten-stein zu berücksichtigen, dazu mangelte es mir leider an Zeit. Aus der englischen Original-Ausgabe sollen natürlich nur diejenigen Stellen citirt werden, deren sprachlicher Ausdruck wegen ihrer Wichtigkeit entscheidend ist. Als Uebersetzungen des englischen Werkes benützte ich die von H. E. Poley (Altenburg 1757), in der übrigens das erste Capitel des ersten Buches als Introduction figurirt, und die von J. H. v. Kirchmann (Berlin 1872—1873). Die Uebersetzung von W. G. Tennemann (Berlin 1795 bis 1797), die Schärer, als zu Kantianisch gefärbt, tadelt, ist nicht benützt.

Unter den anderen benützten Werken wären zu nennen, ausser den neuen Werken über die Geschichte der Philosophie von Reinhold, Ueberweg, Dühring und Knauer:

Geschichte der Philosophie von Kuno Fischer. Mannheim 1854—1860.

Ueber Locke, den Vorläufer Kant's. Von M. W Drobisch. Leipzig 1861.

Locke's Lehre von der menschlichen Erkenntniss in Vergleichung mit Leibnitz's Kritik derselben. Von G. Hartenstein. Leipzig 1861.

John Locke. Psychologisch-historisch dargestellt von Dr. Em. Schärer. Leipzig 1860.

Leben und Philosophie David Hume's. Von Dr. Fr. Jodl. Halle 1872.

Geschichte des Materialismus. Von Friedr. Alb. Lange Iserlohn 1866.

Literaturgeschichte des 18. Jahrhunderts. Von Herm. Hettner. 3. Auflage. 1872.

Erläuterungen zu John Locke's Versuch über den menschlichen Verstand. Von J. H. v. Kirchmann. Berlin 1873—1874.

I.

Die Stellung Kant's zu Locke im Allgemeinen.

Der Mensch wird vom Strome der Zeit fortgerissen, und Jeder, der in diesem Strome auftaucht, wird von der Richtung und der Macht des Wellenganges abhängen. Die Geschichte der Menschheit gleicht einem solchen Strome. Daher werden wir keine historische Persönlichkeit, kein historisches Ereigniss richtig beurtheilen können, wenn wir nicht den wichtigsten Factor in Anschlag bringen: die Zeitumstände. Die Zeit übt ihre Macht auch in der Geschichte des menschlichen Geistes — und warum auch nicht? Gerade der menschliche Geist ist das lenkbarste, für alle Eindrücke zugänglichste Wesen, und welcher Einzelne hätte Kraft genug, einer herrschenden Geistesrichtung zu widerstreben!

So weist in der Geschichte der Philosophie zumeist die **Zeit** dem Denker seine Aufgabe an. Locke und Kant — beide fanden ihre Aufgabe gewissermassen schon vorgezeichnet. Die Herrschaft der mittelalterlichen Scholastik wurde gebrochen durch den immer mehr sich geltend machenden Geist der Aufklärung und Freiheit. Keine Autorität sollte ohne Prüfung Geltung haben, und an die Stelle der unfruchtbaren Wortstreitigkeiten trat das Studium der Natur. **Eigene Erfahrung thut noth!** Das war das Stichwort des Baron v. Verulam. **Man fange von vorne an und bezweifle Alles, was irgend ungewiss ist** — das war das Motto Descartes'. Damit war eine neue Richtung gegeben, der Alles mit Begeisterung folgte. Doch die Vorurtheile der scholastischen Zeit hatten sich zu sehr eingenistet, als dass es gleich gelingen konnte, sie ganz aus dem Geiste zu reissen. Die Speculation aus Begriffen, der Dogmatismus machte sich bald wieder breit. Zudem war eine Kluft entstanden zwischen Materie und Geist, die Cartesius geschaffen, und die seine Nachfolger nicht ausfüllen konnten — selbst nicht Spinoza. Denn wenn auch Geist und Materie aufgingen in der einen unendlichen Substanz, so blieben sie doch noch strenge geschieden: das Denken war doch nur Denken, Ausdehnung doch nur Ausdehnung. Auch diese Abstraction musste fallen. Die Vermittlung konnte nur von einer der beiden Seiten aus geschehen. Locke versuchte es von der Seite der Materie, Leibnitz von der Seite des Geistes; und die zwei verschiedenen Richtungen: **Empirismus** (der zum Sensualismus und Materialismus führte) und **Idealismus** waren gegeben. Nicht zu wundern ist es, dass gerade der Engländer Empirist wurde; denn seit Baco v. Verulam und Hobbes war dies die Richtung der englischen Philosophie.

Die Aufgabe, die daher Locke[1] vorfand, war: Kampf gegen die immanenten Ideen, gegen Abstraction und Dogmatismus, alleinige Anerkennung der Erfahrung. Beiläufig zwölf Jahre nach dem Tode Spinoza's (1677) erschien der schon seit 1670 entworfene und 1687 beendete essay concerning human understanding, Versuch über den menschlichen Verstand: im Jahre 1689.[2] Darin war aber nicht nur die **Methode** eine neue, die — alle angeborenen Begriffe leugnend — sich nur auf Erfahrung stützte, sondern auch, was viel mehr galt, ein neues **Object** war der philosophischen Forschung gegeben; und damit war eigentlich, was Cartesius nur wollte, von vorne angefangen. Es sollte nämlich vor Allem der Verstand selbst untersucht werden, um zu sehen, wie er zu seinem Reichthume komme, und welche Grenzen ihm gesteckt seien. Das ist der grosse Originalgedanke Locke's, welchen Hume und Kant weiter entwickelten. Damit trat

---

[1] John Locke, geb. 29. August 1632 zu Wrington (bei Bristol) studirte in Westminster und Oxford Medicin und Philosophie, bekleidete verschiedene diplomatische Aemter, war Freund und Rathgeber des Lord Ashley (späteren Earl of Shaftesbury), mit dem er nach Holland in's Exil ging; er war seit 1688 wieder in England, trat wieder in den Staatsdienst und starb zu Oates in Essex 28. October 1704.

[2] In einigen Geschichten der Philosophie wird irrthümlich das Jahr 1690 angegeben; die Widmung an Pembroke datirt ausdrücklich vom 24. Mai 1689.

eine neue Epoche in der Philosophie ein, und Locke gehört daher zu den hervorragendsten Erscheinungen in der Geschichte der Philosophie.[1])

Er fand eine doppelte Quelle der Erfahrung, eine innere und eine äussere: die Sensation und Reflexion.

Man hat für dieses wissenschaftliche Vorgehen verschiedene Bezeichnungen aufgestellt, zumeist per analogiam aus anderen Wissenschaften entlehnt. Kant nennt dieses Werk eine **Physiologie des menschlichen Verstandes** (Kritik der reinen Vernunft. S. 6),[2]) an einer anderen Stelle (II. S. 222) eine **Noogonie**; Rosenkranz (Kant XII. S. 16) nennt es einen **Chemismus der Sensation und Reflexion**; Jodl (S. 24) eine **Geographie des Geistes**; Hartenstein eine **empirische Analyse des menschlichen Vorstellungs- und Gedankenkreises**.

Wenn wir auf einen bezeichnenden Ausdruck für den essay, der wegen der Systemlosigkeit des Werkes schwer zu finden ist, verzichten, so können wir zur Charakterisirung desselben sagen: das Werk Locke's ist im Wesen ein kritisches; anfangs ist es eine Kritik des Erkenntnissvermögens, im Verlaufe wird es zur Kritik der Erkenntnisse selbst; das Ganze aber ist nur auf die Erfahrung gestützt.

Locke ist daher so gut Erkenntnisskritiker wie Kant. Nach der Methode kann man ihn auch **Empiriker** nennen; aber niemals passt auf ihn der so oft gebrauchte Name **Sensualist**. Erst dem Abbé Condillac (1715 bis 1780) gebührt diese Bezeichnung.

Von Locke zu Kant führt uns ein nicht gar zu weiter Weg; die Vermittlung zwischen diesen Beiden bilden hauptsächlich David Hume (1711—1776) und Gottfried

---

[1]) Schopenhauer (Vierfache Wurzel des Satzes vom hinreichenden Grunde §. 34) rühmt besonders „das seit 150 Jahren weltberühmte Werk Locke's, das erste ausdrücklich gegen alle angebornen Erkenntnisse gerichtete Buch."

Hettner (I. S. 156) nennt Locke's Werk „das Gewissen und das Bewusstsein seiner Zeit."

Schärer (S. 77): „Locke gehört unstreitig zu den Philosophen ersten Ranges."

Aehnlich äussert sich Hettner (I. S. 167).

[2]) Welchen Namen Drobisch (S. 25) gerade dem Werke Kant's selbst gibt.

Wilhelm v. Leibnitz (1646—1716). Der Letztere trat zuerst als Gegner Locke's auf; aber seine Gegnerschaft zeigt grosse Achtung vor der Ehrlichkeit und der wissenschaftlichen Bildung Locke's. Schon 1696 hatte Leibnitz eine Reihe von kritischen Bemerkungen über den essay geschrieben unter dem Titel: „reflexions sur l'essai de l'entendement humain de Mr. Locke", welche erst 1708 mit den Briefen Locke's veröffentlicht wurden. Im Todesjahre Locke's (1704) erschien die eigentliche Widerlegung Locke's unter dem Titel „nouveaux essais sur l'entendement humain", die darauf hinausging, die geleugneten angebornen Ideen wieder in ihr Recht einzusetzen und das Materielle zu spiritualisiren. Die Materie ist nur „eine verworrene Vorstellung". Damit war der Empirismus in sein Gegentheil umgeschlagen, und diese Richtung wurde von dem Bischofe George Berkeley (1684—1753) bis in's Extrem eingeschlagen, womit der einseitige Idealismus als unhaltbar sich erwies.

Andererseits zeigte sich, dass die consequente Entwicklung des Empirismus auf die Skepsis führen müsse. Diese Arbeit nahm Hume auf sich, der durch die Kritik des Causalitäts-Begriffes nachwies, dass das „propter hoc" nichts Anderes sei als ein gewohntes „post hoc", und dass es vom Standpunkte des Empirismus gar keine allgemeinen und nothwendigen Erkenntnisse gebe.

Daran nun schliesst sich Kant.[1]) Dieser erhob sich auf einen viel höheren Standpunkt. Während Locke und Hume den Ursprung der Vorstellungen suchten und diesen in der Erfahrung fanden, machte Kant den Ursprung unserer Erfahrung selbst zu seiner Aufgabe. Insoferne hat Kuno Fischer nicht Unrecht, wenn er behauptet: „Kant gründete eine wahrhaft neue Philosophie, die im Wesentlichen nichts gemein hat mit irgend einer früheren." Das „Wesentliche" ist dann allerdings nur die erwähnte Basis des Kantischen Unternehmens. Fischer (III. S. 15) veranschaulicht die Verschiedenheit der Aufgabe Kant's von den vorhergehenden Erkenntniss-Kritiken durch fol-

---

[1]) Immanuel Kant, geb. 22. April 1724 zu Königsberg, studirte an der Universität daselbst, war Hauslehrer 1746—1755, erlangte den Doctorgrad 1755, war 1755—1770 Privatdocent in Königsberg, wurde 1770 daselbst Professor der Logik und Metaphysik, übte sein Lehramt aus bis 1797 und starb an Marasmus 12. Februar 1804.

gendes gelungene Bild: „Denken wir uns ein menschliches Auge, das von einem gewissen Standpunkte aus die Gegend betrachtet. Das Auge sieht das Bild, die mannigfaltigen Gegenstände, die sich auf seiner Netzhaut spiegeln; aber es sieht **nicht sich selbst**, nicht seinen Standpunkt, nicht seinen Sehwinkel. Jetzt nehmen wir ein anderes Auge, auf einen anderen Gesichtspunkt so gestellt, dass von hier aus jenes erste Auge gesehen, dessen Standort und Sehwinkel bestimmt werden kann. So verhält sich die kritische Philosophie zur dogmatischen." Ich habe an dieser Stelle nichts zu tadeln als die Unrichtigkeit des letzten Ausdruckes, da weder Locke noch Hume so ohneweiters Dogmatiker genannt werden können.

Kant kam nun, da es mit dem reinen Realismus und Idealismus nicht ging, folgerichtig zu dem Resultate: „Unsere Erfahrung entspringt aus beiden; das eine gibt Stoff, das andere Form. Daraus bildet sich die Welt der phaenomena. Die Dinge an sich liegen ausser unserer möglichen Erfahrung". [1]

Zugleich benützte er den Schluss Hume's in origineller Weise: „Empirismus führt nie zu Allgemeinheit und Nothwendigkeit. Nun gibt es aber Allgemeines und Nothwendiges (z. B. Mathematik und die allgemeinen Sätze der Naturwissenschaft); ergo kann das Allgemeine und Nothwendige nicht von der Erfahrung kommen, sondern es muss ausser und vor der Erfahrung, das heisst es muss apriorisch sein."

Auf dieser Basis gebaut erschien in wesentlich neuer Gestalt und um die philosophische Erfahrung fast eines

---

[1] Denselben Gedanken, dass die Erscheinungswelt nur ein trübes Abbild der wirklichen Welt sei, finden wir — allerdings ganz unbestimmt und nebelhaft — schon angedeutet in der alt-indischen Philosophie und hie und da auch in der griechischen. Der Ausspruch des Protagoras: „der Mensch ist das Mass der Dinge" πάντων χρημάτων μέτρον ἄνθρωπον εἶναι (Plato Theaetet 152) und Platon's Ideenwelt kommen einem da unwillkürlich in's Gedächtniss. Doch wurde dieser Gedanke, kaum angedeutet, ganz fallen gelassen. Kant war der Erste, der ihn in feierlicher Form aussprach, allerdings nicht durch diese Andeutungen des Alterthums darauf gebracht. Auch d'Alembert hatte früher diesen Gedanken ausgesprochen, wesshalb ihn Voltaire scherzweise den modernen Protagoras nannte; aber auch er kam nur zufällig darauf und liess ihn bald wieder fallen. (Vide: Lange, S. 187.)

ganzen Jahrhunderts bereichert eine andere Kritik unserer Erkenntniss: „Die Kritik der reinen Vernunft" (Riga 1781), die — wie Kant 1783 an Mendelssohn schrieb — das Resultat eines mindestens zwölfjährigen Nachdenkens war. 1787 erschien die zweite, umgearbeitete Auflage, auf deren Differenz von der ersten zuerst Schopenhauer aufmerksam machte.

Kant selbst nennt sein Unternehmen Kriticismus und transscendentalen Idealismus, da unsere Erkenntniss, die nur innerhalb der Grenzen der Erfahrung, das heisst der für uns möglichen Erfahrung oder der phaenomena eine sichere Basis haben kann, darin kritisirt wird.

Damit war ein bedeutender Schritt weiter geschehen, und das letzte Jahrzehent des 18. Jahrhunderts war so nicht nur eine Zeit der politischen, sondern auch der philosophischen Revolution, die sich auch in das Gebiet der Naturforschung, ja selbst der Dichtkunst (Schiller)[1]) fortpflanzte.

Ich lasse einige Urtheile über Kant und sein Hauptwerk zur besseren Orientirung hier folgen.

Rosenkranz (Vorrede zur Kritik der reinen Vernunft) sagt: „Dieses Werk ist das Janushaupt der neueren Philosophie. Alle Errungenschaften der vorangegangenen Bestrebungen concentrirt es in sich; alle neueren Richtungen, jeden ferneren Fortschritt bahnt es an."

Hettner (III. S. 5) sagt über Kant's Kritik: „Eine grössere Umwälzung war in der Geschichte des philosophischen Denkens noch niemals gesehen worden."

Drobisch (S. 1): „Die gesammte neuere deutsche Philosophie erkennt mit Recht Kant als ihren Stammvater an."

Wilhelm v. Humboldt: „Dreierlei bleibt — wenn man den Ruhm, den Kant seiner Nation, den Nutzen, den er dem speculativen Denken verliehen hat, bestimmen will — unverkennbar gewiss: Einiges, was er zertrümmert

---

[1]) Vergleiche Rob. Zimmermann's Vortrag „Schiller als Denker". Ob übrigens die Philosophie Kant's sich den Dichter, oder der Dichter sich jene angeeignet habe (wie Zimmermann bemerkt), ist der Sache nach ganz gleich.

Den Einfluss der Kantischen Philosophie auf die positiven Fachwissenschaften bespricht genauer K. Rosenkranz im 12. Bande der Ausgabe Kant's.

hat, wird sich nie wieder erheben; Einiges, was er begründet hat, wird nie wieder untergehen, und was das Wichtigste ist, so hat er eine Reform gestiftet, wie die gesammte Geschichte der Philosophie wenig ähnliche aufweist."

Kuno Fischer (III. S. 72): "Dieses Werk ist eines der reifsten und durchdachtesten Werke, die jemals erschienen sind."

Vincenz Knauer (S. 167): "Immanuel Kant, nunmehr als der grösste Philosoph der christlichen Zeitrechnung, als der Aristoteles der Neuzeit allgemein anerkannt."

Doch in welchem Verhältnisse steht nun der Kritiker von Königsberg zum Kritiker aus Wrington?

Drobisch (S. 1) antwortet: "Es ist nicht ohne Nutzen, daran zu erinnern, dass der Kritik der reinen Vernunft Locke's Versuch über den menschlichen Verstand voranging, dem Kant vielleicht mehr schuldete, als er, der gegen Hume sich so dankbar erweist, von Locke aber selten anders als mit kalter Höflichkeit spricht, sich eingestehen mochte."

Kuno Fischer (III S 1) hingegen meint: "Welche Vergleichungen zwischen Kant und seinen Vorgängern sich anstellen, welche Verwandtschaften und Analogien sich hier auffinden lassen, allemal ist der vorhandene Gegensatz grösser als die hervorgeholte Aehnlichkeit; ja er ist, richtig erwogen, so gross, dass er die letztere aufhebt."

Wer hat da Recht? Der Herbartianer Drobisch oder der Kantianer Fischer? Ich denke: Beide. Abgesehen von dem wesentlich höheren Standpunkte Kant's hat der deutsche Denker seinem englischen Vorgänger sehr viel zu verdanken — jedenfalls mehr, als er selbst sich eingesteht. Dennoch blieb Locke lange vernachlässigt liegen, und nicht nur Kant, sondern auch die Philosophen des 19. Jahrhunderts kümmerten sich wenig um den, der doch zuerst den Original-Gedanken des Kriticismus gefasst hat.

Zur Illustration der Vernachlässigung Locke's diene die eine Thatsache, dass im vorigen Jahrhundert mehrere deutsche Uebersetzungen des essay erschienen (von Poley 1757, von Tennemann 1795—1797), und dass seitdem erst in neuester Zeit durch Kirchmann (1872—1873) der englische Philosoph dem deutschen Publicum [1]) vorgeführt wurde. Freilich hatten sich zehn Jahre früher Hartenstein und Drobisch seiner angenommen.

Schon von vorneher muss es unglaublich erscheinen, dass der erste Erkenntniss-Kritiker auf den zweiten (oder wenn wir Hume mitrechnen, auf den dritten) keine 100 Jahre später ganz ohne Einfluss war, zumal da Kant oft genug auf Locke zu sprechen kommt. Freilich lächerlich wäre es, die Welt mit der Entdeckung überraschen zu wollen, dass Kant unselbstständig war und seine Hauptgedanken aus Locke entwendet habe. Wir dürfen nicht vergessen, dass Locke selbst sein Werk nur einen „Versuch" (essay) nannte, während Kant nicht nur auf einem wesentlich neuen Standpunkte steht, sondern auch ein bis in die kleinsten Details gegliedertes, einheitliches Gebäude errichtet hat.

Dessenungeachtet ist doch Locke's Werk die Wurzel, aus der sich, wie ein vielästiger, fruchtbeladener Baum, die Philosophie Kant's emporrang; dessenungeachtet gibt es zwischen beiden Philosophien so viele Beziehungen, dass es sich wohl einmal der Mühe lohnt, dieselben in allen Details aufzuzeigen.

Man hat diese Frage bisher nur im Allgemeinen beantwortet und hat Locke als einen „allerdings sehr verdienstlichen" Vorarbeiter Kant's abgethan, der sich besonders in psychologischen Forschungen durch seinen Scharfsinn ausgezeichnet hat. Ich glaube, dass man dem grossen englischen Denker durch eine so generelle Vergleichung mit Kant Unrecht thut und ihn auf Kosten seines Nachfolgers zu sehr herabdrückt. Gerade bei Locke, der ja nur einen „Versuch" lieferte, und dem man mit Recht seine Systemlosigkeit und theilweise Inconsequenz vorwirft, **kommt es auf die Details viel mehr an**, als bei den späteren Philosophen, die ganze philosophische Systeme consequent durchführten. Das Ganze mag immerhin ein Versuch sein; aber darin finden sich, wie wir sehen werden, Perlen von wahrhaft unschätzbarem Werthe. Dass Kant solche einzelne Perlen

---

[1]) In England schätzt man natürlich den berühmten Landsmann höher; dort erreichte das Werk Locke's bereits die 38. Auflage.

gefunden und aufgegriffen hat, ist ebenso bekannt, wie sein abfälliges Urtheil über Locke im Ganzen. Sagen wir es kurz: Locke ist grösser durch seine Details als durch seine Gesammtarbeit. Will man also Locke's Stellung in der Geschichte der Philosophie in gerechter Weise würdigen, so muss man ihm Schritt für Schritt folgen und unter der Menge von allerdings verfehlten und antiquirten Sätzen die einzelnen Wahrheiten heraussuchen.

Dieser Aufgabe will ich mich nun unterziehen, und zwar zu dem speciellen Zwecke, um Locke's Beziehungen zu dem ihm so nahestehenden Begründer der neuen deutschen Philosophie in allen Einzelheiten aufzusuchen. Ich will wenigstens „den Versuch" wagen, dem englischen Denker auch vor dem deutschen Publicum in jeder Hinsicht sein Recht zu wahren, da ich die Ansicht Drobisch' theile: „Locke's einflussreiche Stellung zur Entwicklung der neueren Philosophie scheint noch immer nicht ganz richtig gewürdigt zu werden." Die Berechtigung eines solchen Versuches wird man mir nicht bestreiten, da selbst Kantianer ersten Ranges, wie z. B. Kuno Fischer (III. S. 70), einen grossen Einfluss Locke's auf Kant zugeben.

So viel lässt sich jedenfalls im Vorhinein feststellen:
1. Locke's essay war von bedeutendem Einflusse auf Kant's Kritik; 2. Kant hat eine nahezu unbegreifliche Antipathie oder wenigstens Gleichgiltigkeit gegen Locke und sucht trotz seiner sonstigen Aufrichtigkeit und Bescheidenheit diesen Einfluss eher zu bemänteln als aufzuzeigen.

II.

Locke's „Versuch" im Einzelnen verglichen mit der Lehre Kant's.

Um bei dieser Vergleichung Vollständigkeit und Uebersichtlichkeit zu erreichen, will ich das Werk Locke's Schritt für Schritt durchgehen und nach den einzelnen Hauptpartien vom Kantischen Standpunkte aus die vorgelegten Sätze des englischen Philosophen prüfen.

I.

Einleitung.

I. Buch, 1. Capitel.

Das 1. Buch besteht aus vier Capiteln, deren erstes von Locke selbst als Introduction [1] bezeichnet worden ist. Wir müssen daher dieses Capitel für sich betrachten.

Der Verfasser spricht sein Vorhaben in folgenden Worten aus, er wolle „sowohl den Ursprung, die Gewissheit und den ganzen Umfang der menschlichen Erkenntniss, als die Gründe und die verschiedenen Grade des Glaubens, der Meinung und des Beifalles untersuchen" [2].

Näher skizzirt Locke seine Aufgabe folgendermassen: „1. werde ich den Ursprung der Ideen (ideas) oder der Begriffe (notions), welche der Mensch in seiner Seele

---

[1] Poley behandelt auch dieses 1. Capitel als selbstständige Einleitung und hat daher nur drei Capitel im 1. Buche.

[2] This therefore being my purpose, to inquire into the original, certainty and extent of human knowledge, together with the grounds and degrees of belief, opinion and assent.

wahrnimmt (observes), untersuchen. Ich werde auch untersuchen, wie der Verstand mit Begriffen versehen wird; 2. werde ich mir angelegen sein lassen, zu zeigen, was für eine Erkenntniss (knowledge) der Verstand vermittelst dieser Begriffe erlangt. Ich werde auch die Gewissheit und Klarheit dieser Erkenntniss und wie weit sie sich erstrecke, zu erkennen geben; 3. werde ich eine Untersuchung von der Natur und den Gründen des Glaubens oder Meinung anstellen (intho the nature and grounds of faith or opinion). Wir werden hier auch Gelegenheit haben, die Ursachen und Stufen des Beifalls zu untersuchen."

Bei dieser Aufgabe verzichtet er im Vorhinein auf eine physikalische oder metaphysische Untersuchung des Wesens der Seele, sondern in historischer Weise will er darlegen, wie der Mensch zu seinen Vorstellungen über die Dinge gelange.

§. 4. Wie nützlich es sei, die Grenzen unseres Verstandes zu kennen — fährt Locke fort — geht schon daraus hervor, weil wir dann alle zweifelhaften Fragen und Streitigkeiten, die über unseren Gedankenkreis hinaus streben, vermeiden und uns vor Selbstüberschätzung bewahren. So beschränkt unser Verstand ist, so haben wir doch damit „Licht genug, welches uns auf die Erkenntniss unseres Schöpfers und unserer Pflichten führen kann." [1] „Wir werden nicht grosse Ursache haben, uns darüber zu beklagen, wenn wir ihn nur dazu anwenden wollen, was uns nützlich ist; denn dazu ist er ganz geschickt."

Als Beispiele führt er uns an einen faulen Knecht, der nicht bei Licht arbeiten will, und einen Thoren, der sich seiner Füsse nicht bedienen will, weil er keine Flügel habe.

Locke geht nicht mit dem Selbstgefühle eines Dogmatisten an seine Arbeit; er fühlt die Schwierigkeit seines Unternehmens, zumal bei der Unvollkommenheit der bisherigen psychologischen Forschungen. Darum sagt er

§. 1. auch: „Der Verstand gleiche dem Auge, das alle anderen Dinge wahrnimmt, sich selber aber nicht sieht." Aber er

---

[1] light enough to lead them to the knowledge of their Maker, and the sight of their own duties.

setzt doch die Möglichkeit einer solchen Untersuchung voraus — wenigstens in der beschränkten Sphäre, die er sich selbst gezogen.

Er sagt ja selbst, dass er die heiklen und unauflöslichen Fragen über Metaphysik der Seele bei Seite lasse, da sie bei dem Ziele, das er verfolge, ausserhalb seines Weges liegen.

—

Der Grundgedanke des Werkes ist also derselbe, den Hume und Kant (Vorrede zur Kritik der rein. Vern.) später hatten. Auch Kant war überzeugt, dass die Untersuchung über den Ursprung und die Grenzen unserer Erkenntniss von fundamentaler Bedeutung für die Philosophie sei. Er war daher zur Ansicht Locke's [1]) zurückgekehrt, obwohl er dies nirgends erwähnt. Nur einmal (II. S. 6) nennt er „in den neueren Zeiten eine gewisse Physiologie des menschlichen Verstandes von Locke." [2])

Grundgedanke des Werkes

Der Unterschied ist nur, dass Kant „die Bestimmung der Quellen, des Umfanges und der Grenzen der Metaphysik aus Principien" (II. S. 8) durchführt oder „das Inventarium aller unserer Besitze durch reine Vernunft systematisch ordnet" (II. S. 13), während Locke „zu

---

[1]) Wenn auch Locke in der Introduction eigentlich vom Nutzen und nicht von der Nothwendigkeit dieser Untersuchung spricht, so zeigt doch sein ganzes Werk, dass er letztere meine.

[2]) Drobisch (S. 2): „vielleicht weil ihm die Auflösung Locke's ganz verfehlt dünkte."

Vergleiche die Aeusserung Kant's (II. S. 6): „Es fand sich aber, dass, obgleich die Geburt jener vorgegebenen Königin aus dem Pöbel der gemeinen Erfahrung abgeleitet wurde, und dadurch ihre Anmassung mit Recht hätte verdächtigt werden müssen, dennoch, weil diese Genealogie ihr in der That fälschlich angedichtet war, sie ihre Ansprüche noch immer behauptete, wodurch Alles wiederum in den veralteten wurmstichigen Dogmatismus und daraus in die Geringschätzung verfiel, daraus man die Wissenschaft hatte ziehen wollen."

Aehnlich spricht Jäsche in der Logik Kant's (III. S. 195): „Locke hat das Werk seiner Untersuchung nicht vollendet; auch ist sein Verfahren dogmatisch."

(II. S. 657) „Locke und Leibnitz haben es in diesem Streite zu keiner Entscheidung bringen können."

seinem Vorhaben genug hat, wenn er das verschiedene Vermögen des Menschen, die Dinge zu erkennen, in Betrachtung zieht, insoweit es sich mit den Objecten beschäftigt." (S. 2).

<small>Empirie Locke's.</small> Locke's Standpunkt ist daher nur die Empirie, während Kant ausdrücklich davon abzusehen erklärt.

Und doch ist bei näherer Besichtigung die Kluft zwischen den beiden Denkern nicht so gross.

Was Locke betrifft, hat Kant nicht ganz Recht, wenn er (II. S. 222) klagt, „dass Locke die Verstandesbegriffe insgesammt sensificire, das heisst für nichts, als empirische, aber abgesonderte Reflexions-Begriffe ausgebe." Denn Locke hebt die Mitwirkung der Seele zur Erkenntniss nicht ganz auf. Die Seele hat nämlich bei Locke jedenfalls Erregbarkeit und Selbstthätigkeit. Er sagt nämlich (II. 1, 4): „Die zweite Quelle (the other source), woraus die Erfahrung dem Verstande Begriffe gibt, ist die Empfindung der Wirkungen unserer Seele (the perception of the operations of our own minds),[1] insoweit sie sich mit den Begriffen beschäftigt, welche sie erlangt hat. Diese Wirkungen versehen den Verstand mit einer anderen Gattung von Begriffen, welche nicht von den Dingen von aussen kommen (which could not be had from things without)..... Und ob sie (diese Quelle, source) keinen Sinn abgibt, indem sie mit den äusserlichen Gegenständen nichts zu thun hat,[2] so kommt sie ihm doch sehr nahe und könnte der innerliche Sinn genannt werden."

Was Kant betrifft, sieht auch dieser nicht von der Erfahrung ganz ab, mit welcher ja jede Erkenntniss beginnt. So heisst es (II. S. 242): „Alle unsere Erkenntniss hebt von den Sinnen an, geht von da zum Verstande und endigt bei der Vernunft." (II. S. 542): „So fängt denn alle menschliche Erkenntniss mit Anschauungen an, geht von da zu Begriffen und endigt mit Ideen." (II. S. 695. Suppl. IV.): „Dass alle unsere Erkenntniss mit der Erfahrung

---

[1] Kirchmann übersetzt: „Wahrnehmung der Vorgänge". Drobisch: „Der Operationen".

[2] and though it be not sense as having nothing to do with external objects.

anfange, daran ist gar kein Zweifel. Wenn aber gleich alle unsere Erkenntniss mit der Erfahrung anhebt, so entspringt sie darum doch nicht eben alle aus der Erfahrung."

Beide Kritiker fussen daher auf der Erfahrung. Die Erfahrung Kant's ist aber anders geartet; sie kommt aus der Erscheinungswelt, den sogenannten phaenomenis,[1]) deren Stoff durch die Sinnes-Affection gegeben wird, deren Form aber von dem Subjecte selbst erzeugt wird. Seine Erfahrung hat also ein realistisches und ein idealistisches Moment, ist eigentlich Dualismus.

Erfahrung nach Kant.

Die Erfahrung nach Locke besteht aber darin, dass die Dinge selbst (nach Kant „die Dinge an sich") auf unseren Sinn einwirken.

nach Locke.

Auch darin folgt Kant genau seinem Vorgänger nach, dass er die physikalische und metaphysische Untersuchung des Wesens der Seele als etwas, was ausserhalb aller Erkenntniss liegt, vermeidet.

Wesen der Seele.

Nach Locke ist das Wesen der Seele unbekannt (II. 23, 32; IV. 3, 6); ja er zweifelt, ob sie nicht auch materiell sein könne.[2])

Auch Kant's „Gemüth" ist nur der allgemeine und formelle Begriff eines erkennenden Subjectes, es liegt ausser der Erscheinungswelt und daher ausser den Grenzen möglicher Erfahrung.[3])

In der Kritik der psychologischen Paralogismen äussert er sich so: „Wenn der Materialismus zur Erklärungsart meines Daseins untauglich ist, so ist der Spiritualismus zu demselben ebensowohl unzureichend, und die Schlussfolge ist, dass wir auf keine Art, welche es auch sei, von der Beschaffenheit unserer Seele irgend etwas erkennen können." Hieher gehört auch seine Aeusserung (II. S. 28), dass vielleicht Sinn

---

[1]) VII. 2. Abth. S. 29: „Alle Erfahrung — die innere nicht minder als die äussere — ist nur Erkenntniss der Gegenstände, wie sie uns erscheinen, nicht wie sie für sich allein betrachtet sind."

[2]) IV. 3, 6.: „Wir werden vielleicht nie im Stande sein zu wissen, ob ein blos materielles Wesen denke oder nicht."

[3]) II. S. 303: „Das transscendentale Object, welches den äusseren Erscheinungen, ingleichen das, was der inneren Anschauung zu Grunde liegt, ist weder Materie, noch ein denkendes Wesen an sich selbst, sondern ein uns unbekannter Grund der Erscheinungen."

und Verstand eine gemeinschaftliche Wurzel haben, womit die mögliche Gleichartigkeit zwischen dem Realen, das den Erscheinungen des äusseren Sinnes, und dem Realen, das den Erscheinungen des inneren Sinnes zu Grunde liegt, angedeutet ist — ein Gedanke, den die moderne Physiologie der Sinnesorgane bestätigt.

Zusammenhang des Körpers u. Geistes.

Wenn ferner Locke (§. 2) sagt, „er werde sich nicht viel damit zu schaffen machen, durch was für Bewegungen unserer Lebensgeister oder Veränderungen unserer Körper mittelst der sinnlichen Werkzeuge gewisse Empfindungen in uns erregt oder gewisse Begriffe im Verstande hervorgebracht werden," das heisst, er werde sich um die Möglichkeit und Erklärung jener philosophischen Hauptfrage, wie das Körperliche auf den Geist einwirke, nicht kümmern: so steht er auf demselben Standpunkte wie Kant, der sich noch deutlicher (II. S 313) darüber ausspricht: „Die berüchtigte Frage wegen der Gemeinschaft des Denkenden und des Ausgedehnten würde also lediglich darauf hinauslaufen: wie in einem denkenden Subjecte überhaupt äussere Anschauung möglich sei. Auf diese Frage aber ist es keinem Menschen möglich eine Antwort zu finden, und man kann diese Lücke unseres Wissens nur dadurch bezeichnen, dass man die äusseren Erscheinungen einem transscendentalen Gegenstande zuschreibt, den wir aber gar nicht kennen."

Naiv erscheint freilich der Versuch Locke's, diese Lücke bei den Nebeneigenschaften (secondary qualities) (II. 8, 13) [1]) auszufüllen. Diese secundären Eigenschaften sind nämlich nach seiner Ansicht (II. 8, 15) nur Wirkungen der primary qualities oder blosse Kräfte der Dinge und haben nicht mehr Aehnlichkeit mit den wirklichen Eigenschaften, wie die Namen mit ihren Begriffen (II. 8, 7).

Er sagt nämlich (II. 8, 13): „Hier wird es zu begreifen nicht unmöglicher sein, dass Gott mit dergleichen Bewegungen solche Begriffe verbunden hat." Also le bon plaisir du createur. wie Leibnitz ironisch es nannte, wäre die Brücke zwischen beiden Gebieten.

---

[1]) Denn die Vorstellungen der Grundeigenschaften (original qualities) (II. 8, 7) sind Copien der Dinge, wie sie sind, und haben also objective Realität.

Kant spielt darauf an, wenn er (II. S. 310), ohne
Namen zu nennen, sagt: „Die gewöhnlichen drei hierüber
erdachten und wirklich einzig möglichen Systeme sind
die des physischen Einflusses (Locke's original qualities),
der vorher bestimmten Harmonie (Leibnitz) und der über-
natürlichen Assistenz (Geulinx und Locke's secondary
qualities)."

Nach dem früher Gesagten scheint es aber Locke
mit dieser nur beiläufig hingeworfenen Erklärung nicht
so Ernst zu sein.

Am Schlusse der Einleitung (§. 8) rechtfertigt Locke
den Gebrauch des griechischen Ausdruckes „Idee" [1]) und
sagt: „Ich habe mich desselben bedient, um damit Alles
auszudrücken, womit sich der Verstand bei seinem Denken
beschäftigen mag." Danach wäre Idee und Vorstellung
identisch.

Merkwürdigerweise sucht auch Kant diesen Ausdruck zu rechtfertigen, was er übrigens musste, da bei
ihm dieser Ausdruck eine ganz specielle Bedeutung haben
sollte. Idee ist ihm nämlich „ein Begriff aus Notionen, der
die Möglichkeit der Erfahrung übersteigt oder der Ver-
nunftbegriff." (II. S. 258).

Er widmet auch der Erklärung dieses Wortes einen
ganzen Abschnitt in der transscendentalen Dialektik.

Man muss sich daher wohl hüten, diesen bei beiden
Philosophen oft vorkommenden Ausdruck in demselben
Sinne zu verstehen. Das, was Locke Idee nennt, wäre
nach Kant's Sprachgebrauch perceptio („Vorstellung mit
Bewusstsein").

Auch hier kritisirt Kant, ohne einen Namen zu
nennen, offenbar seinen Vorgänger in der Verstandes-
kritik. und zwar in einem etwas rauhen Tone: „Dem, der
sich einmal an diese Unterscheidung gewöhnt hat, muss
es unerträglich fallen, die Vorstellung der rothen Farbe
Idee nennen zu hören. Sie ist nicht einmal Notion (Ver-
standesbegriff) zu nennen."

Anknüpfend an diese Aeusserung Kant's, müssen wir
unsere gerechte Verwunderung ausdrücken, dass Kant,
der fast alle Gedanken und Sätze der Einleitung Locke's

---

[1]) Kirchmann setzt mit Unrecht gleich vom Anfange dafür den
deutschen Ausdruck „Vorstellung" ein.

(selbst das Bild vom Ocean S. 6) aufnimmt, sich so ostensiv kühl gegen seinen grossen Vorgänger [1] verhält, was um so mehr auffallen muss, da er Hume, den Nachfolger Locke's, so sehr auszeichnet. [2])

Nur hie und da [3]) lüftet er den Schleier: Er betrachtet sich als Antagonisten Locke's, und das Werk des Engländers schien ihm, wenn auch in der Grundidee richtig, in seinem Verlaufe ganz verfehlt. Und doch ist Kant nicht so sehr Antagonist, wie er es meint. Wir werden dies noch an vielen Stellen zu beobachten Gelegenheit haben.

2.

I. Buch. Capitel 2—4.

Die anderen drei Capitel des ersten Buches bilden die negative Grundlage des ganzen Werkes; die übrigen drei Bücher bauen positiv darauf auf. Der Geist der Losreissung von aller Autorität hatte schon Cartesius und Baco beseelt; das Diesseits drängte sich seitdem dem Auge des Geistes gewaltsam auf. Aber die Losreissung gelang factisch noch nicht. Auch Cartesius, Spinoza und Leibnitz betrieben trotzdem die Speculation aus Begriffen, aus denen sich nie und nimmer die Existenz „herausklauben" lässt. Die immanenten Ideen, die schon in Platon's Phaedon (Cap. 19 und 20) spukten, spielten zur Zeit Locke's in der Philosophie eine wichtige Rolle. Der Erste, der gegen diese seine Lanze brach, war Locke, und zwar that er dies mit Feuereifer. Nicht den Inhalt bestritt er zunächst; aber die Form ihrer Existenz verletzte ihn. Damit war der Anstoss zu jener grossen Bewegung gegeben, die seitdem in die Philosophie gebracht wurde und zunächst von England nach Königsberg sich verpflanzte; eine neue Epoche trat nun ein. Hume setzte

---

[1]) Nur II. S. 222 („grosser Mann"), II. S. 728 („der berühmte Locke") und III. S. 46 findet Kant Worte der Anerkennung, die aber auch etwas kühl klingen, und die wir mehr auf die zufällige Uebereinstimmung der Gedanken beider Männer beziehen müssen.

[2]) Sollte die Landsmannschaft dazu beigetragen haben? Kant's Voreltern stammten nämlich, wie Hume, aus Schottland; Kant's Vater, ein ehrsamer Sattler, schrieb noch seinen Namen schottisch „Cant".

[3]) Ausser den bereits erwähnten Stellen noch II. S. 657, 728; III. S. 21.

die Forschungen Locke's fort, und das, was Kant von Hume sagt, liesse sich desshalb mit gleichem Rechte von Locke sagen: „Er schlug einen Funken, bei dem man wohl leicht ein Licht hätte anzünden können" (III. S. 5). Die Leugnung der Causalität durch Hume war nur eine Folge des Original-Gedankens Locke's. Doch sehen wir uns die Kritik unseres Philosophen gegen die angebornen Ideen näher an.

Die Annahme angeborner Ideen (Vorstellungen) ist unnöthig, sobald sich zeigen lässt, wie der Mensch dieselben erwirbt. Locke widerlegt die Gründe, die man für die Nothwendigkeit jener Annahme vorzubringen pflegt. Voran schickt er die offene Erklärung: „Ich überlasse die Prüfung dieser Gründe denen, die — wie ich — bereit sind, die Wahrheit anzunehmen, wo sie dieselbe finden."

Die allgemeine Zustimmung zu theoretischen und praktischen Grundsätzen (κοιναὶ ἔννοιαι) beweist nicht die Immanenz derselben; denn diese Immanenz ist thatsächlich unnachweisbar und auch unnöthig, da sich diese Grundsätze auf eine andere Weise erwerben lassen.

Zunächst beweist er dieses von den theoretischen Grundsätzen, und zwar von zweien, „die noch am meisten von allen als angeboren gelten könnten": dem Satze der Identität und dem des Widerspruches.[1]) Es gibt nämlich Menschen genug, die diese Sätze nicht kennen, z. B. Kinder und ungebildete Menschen. Man kann auch nicht sagen, angeboren sei die Fähigkeit derselben, und die Erkenntniss sei erworben; denn „so werden alle Wahrheiten, die Jemand allmälig kennen lernt, zu den angebornen gehören."

Auch wenn man behauptet, die Menschen lernen diese Grundsätze kennen, wenn sie zum Gebrauche der Vernunft (reason) kommen — wird eigentlich nur das Gegentheil bewiesen.

Eine Zustimmung, die dann erfolgt, wenn der Satz aufgestellt und verstanden ist, beweist auch nicht, dass

---

[1]) Auch Plato spricht im Phaedon davon, dass der Begriff des Gleichen an sich in diesem Leben nicht erworben werden kann. Die Nutzanwendung davon ist allerdings überraschend: Dieser Begriff ist aber unleugbar in uns, ergo müssen wir ihn früher erworben, d. h. unsere Seele muss auch vor diesem Leben existirt haben.

dieser angeboren ist; sonst wäre die Zahl der angebornen Grundsätze unendlich.

§. 18. Man weiss gerade die Sätze von geringerer Allgemeinheit früher, als die von grösserer Allgemeinheit.

§. 19. Die sogenannte immanentia implicita (understanding implicitly) bedeutet nur so viel, dass der Verstand sie begreifen könne.

§. 20. Ueberhaupt müssen angeborne Grundsätze als Sätze aus angebornen Begriffen und Worten bestehen; „es sollte mir eine Freude sein, wenn mir Jemand den Satz nennte, dessen Worte oder Begriffe angeboren wären."

§. 21. Die Immanenz muss sich dadurch ankündigen, dass man klar wisse, was aber da nicht der Fall ist.

3. Capitel Dasselbe gilt von den praktischen Grundsätzen. Bei diesen ist die Berufung auf allgemeine Geltung noch
§. 4. weniger stichhältig. Sie bedürfen erst eines Beweises, und massgebend ist dabei nur der Nützlichkeits-Standpunkt.

§. 8. Das Gewissen ist nur „die eigene Meinung von der Rechtlichkeit oder Schlechtigkeit unserer Handlungen."¹)

§. 9. Nun beweist er die Unhaltbarkeit der Immanenz an Beispielen und gibt an, wie die Menschen zu diesen Grundsätzen kommen.

4. Capitel Grundsätze sind nicht angeboren, wenn nicht ihre Begriffe angeboren sind. Letzteres ist aber nicht der Fall
§. 8. — selbst nicht bei der Vorstellung Gottes, da gerade bei diesem Begriffe die Vorstellungen sehr verschieden sind.

§. 21 Ein weiterer Grund gegen die Immanenz von Grundsätzen liegt darin, dass die theoretischen Grundsätze von geringem Nutzen und die praktischen von geringer Gewissheit sind; trotzdem eine Einschaffung derselben anzunehmen, führt zum Widerspruche mit der vollkommenen Weisheit Gottes.

§. 23. Die Menschen sollen selbst nachdenken und die Dinge erkennen.

§. 25. Schliesslich spricht er das Vertrauen aus, dass der Grund, den er mit dieser Leugnung immanenter Grundsätze und Begriffe gelegt habe, fest sei, was ja das wichtigste sei. Es verhalte sich in dieser Sache so, wie bei dem Angriffe auf Festungen: „Wenn nur der Grund und

---

¹) which is nothing else but our own opinion or judgment of the moral rectitude or pravity of our own actions.

Boden, auf dem die Batterien errichtet sind, fest ist, so fragt man nicht, wer ihn geliehen hat oder wem er angehört, sofern er nur einen passenden Angriff für den vorliegenden Zweck gestattet."

Das Gebäude, das er nun errichten wolle, solle keiner Stützen und Pfeiler bedürfen, die auf erborgtem oder erbetteltem Grunde stehen.

Diese selbstbewusste, trotzig kühne Sprache des für seinen Gegenstand begeisterten Mannes hat ihren Grund in der Ueberzeugung, dass sein Fuss auf keinem schwanken Boden stehe. Er will auch keine zwingenden Beweise liefern.

„Alles, was ich in Bezug auf die Grundsätze, von denen ich ausgehe, sagen kann, ist, dass ich mich lediglich auf eigene unbefangene Erfahrung und Beobachtung eines Jeden rücksichtlich ihrer Wahrheit berufe; dieses genügt für einen Mann, der offen und frei nur seine eigenen Ansichten über einen Gegenstand darlegen will, der noch etwas im Dunklen liegt, und dessen Zweck nur auf die unparteiische Erforschung der Wahrheit gerichtet ist."

In der Frage der Immanenz von Ideen ist Kant beim ersten Anblicke wesentlich verschieden; doch fehlt es nicht an Berührungspunkten.

Kant und Leibnitz haben eingewendet, dass die Erkenntnisslehre Locke's, die sich nur auf Erfahrung stütze, nicht zur Erkenntniss des Allgemeinen und Nothwendigen führe. Desshalb kehrte Leibnitz zu der Annahme angeborner Begriffe zurück, nicht so Kant. Dieser kam bei der Frage über die Möglichkeit synthetischer Urtheile a priori darauf, dass der Mensch a priori Besitzthümer haben müsse, die allein solche Urtheile möglich machen. Nirgends aber spricht er von angebornen Begriffen oder Ideen. Dieses Apriorische fand Kant in den Formen der Anschauung und des Denkens.

Bedeutet nun Apriorität, womit eigentlich nur Unabhängigkeit von der Erfahrung bezeichnet werden soll, dasselbe wie Immanenz oder nicht? Wäre es dasselbe, dann wäre Kant der Antagonist Locke's. Jedenfalls kann nach Kant kein Begriff angeboren sein, da Gedanken ohne Inhalt leer sind (II. S. 50), und der Inhalt durch die Sinnlichkeit von aussen geliefert werden muss.

Glücklicherweise haben wir eine Aeusserung Kant's, die auch Drobisch anführt, über die Frage der angebornen Vorstellungen.

Damit spricht Kant wesentlich dasselbe aus, was Locke im ersten Buche seines essay verficht. In der Streitschrift Kant's gegen Eberhard heisst es nämlich: „Die Kritik erlaubt schlechterdings keine anerschaffenen oder angebornen Vorstellungen; alle nimmt sie als erworbene an. Es gibt aber auch eine ursprüngliche Erwerbung (Form der Dinge in Raum und Zeit und synthetische Einheit des Mannigfaltigen in Begriffen); nur der formale Grund, dass die Vorstellungen so und nicht anders entstehen, ist der Seele angeboren: eine eigenthümliche Receptivität des Gemüthes. Nicht die Raumvorstellung ist angeboren; die formale Anschauung, die man Raum nennt, ist eine erworbene Vorstellung, deren Grund (als blosse Receptivität) angeboren ist."

In der Leugnung der Immanenz eigentlicher Vorstellungen sind also Locke und Kant einig, und im Ganzen ist auch Locke in seinem Rechte.[1]

In den Details der Beweisführung Locke's finden wir allerdings Sätze, die mit dem Systeme Kant's nicht stimmen.

Empirische Allgemeinheit. Die allgemeine und nothwendige Zustimmung zu einem Grundsatze beweist noch Locke nicht die Immanenz desselben. Gut! Das behauptet auch Kant nicht. Wenn aber Locke sagt, man könne diese Allgemeinheit und Nothwendigkeit, wenn es überhaupt eine solche gebe, auch auf einem andern Wege, d. h. natürlich durch Em-

---

[1] Schärer (S. 89): „Soweit nun Locke das Angeborensein in der Sphäre des Denkens oder der Begriffe bestreitet, ist er vollkommen in seinem Rechte."
Schopenhauer (Vierf. Wurzel des Satzes vom zureich. Gr.): „Obwohl Locke in seinem Leugnen aller angebornen Wahrheiten insofern zu weit geht, als er es auch auf die formalen Erkenntnisse ausdehnt (worin er später von Kant auf das Glänzendste berichtigt worden ist), so hat er doch hinsichtlich aller materiellen, d. h. Stoff gebenden Erkenntnisse vollkommen und unleugbar Recht."

pirie erklären, so läuft er schnurstracks der Ansicht Kant's entgegen. Und wir möchten fast behaupten, dass dieser Punkt, der im Systeme Kant der Cardinalpunkt ist, uns die principielle Abneigung Kant's gegen Locke erklärt. Das gerade Gegentheil von Locke's Behauptung ist die Basis der ganzen Kritik der Vernunft!

Das vierte Supplement der Rosenkranz'schen Ausgabe Kant's (II. S. 695), also ein Zusatz der zweiten, umgearbeiteten Auflage der Kritik von 1787, ist offenbar nur auf Locke gemünzt. Es lässt dieses schon die Aufschrift vermuthen: „Wir sind im Besitze gewisser Erkenntnisse a priori, und selbst der gemeine Stand ist niemals ohne solche." Die Vermuthung wird zur Gewissheit, wenn wir lesen, dass Allgemeinheit und Nothwendigkeit die Merkmale einer reinen (d. h. nicht empirischen oder apriorischen) Erkenntniss seien. Freilich steht da auch Kant auf einem Standpunkte, den nicht alle Denker theilen können. Ueberweg nennt diese Annahme Kant's das πρῶτον ψεῦδος. Drobisch, der Herbartianer, nach welchem „dem geistigen Leben ursprünglich feste, reine, abstracte Formen völlig fremd sind," vergleicht die Kant'schen reinen Formen der Anschauung und des Verstandes mit dem alles versteinernden Gorgonenhaupte und bemerkt richtig, dass diese Formen zuletzt doch nur als nackte und unbegreifliche empirische Thatsachen dastehen, und doch wie ein unvermeidliches Fatum die ganze menschliche Erkenntniss zu beherrschen beanspruchen, ohne sich weder über ihren ersten Ursprung noch über ihren ersten Rechtstitel legitimiren zu können.

Eine andere Widerlegung Locke's durch Kant betrifft die Behauptung des ersteren (I. 2, 5), es sei ein Widerspruch, dass man Vorstellungen habe und doch ihrer nicht bewusst sei.

Bewusstes und unbewusstes Vorstellen.

Es müssten also alle Vorstellungen bewusste sein. Dazu bemerkt Kant (VII. 2. Abth. S. 21):

„Diesen Einwurf machte schon Locke, der darum auch das Dasein solcher Art Vorstellungen (nämlich unbewusster) verwarf . . . Dergleichen Vorstellungen heissen dunkle."

An und für sich ist da Kant im Rechte; doch die Beweiskraft der Behauptung Locke's bleibt aufrecht. Locke will ja nur zeigen, dass diese Vorstellungen nicht angeboren sein können, und 2, 27 sagt er auch, das Merkmal der Immanenz müsse Klarheit sein, was auf die „dunklen" Vorstellungen Kant's nicht passt.

Praktische Sätze   Bei den praktischen Grundsätzen begegnen wir wieder einem principiellen Gegensatze zwischen beiden Männern. Kant's „kategorischer Imperativ" besteht eben darin, dass er allgemein gilt und keines Beweises bedarf. Er gehört zu den apriorischen Besitzthümern allerdings nicht der theoretischen, aber wohl der praktischen Vernunft. Locke behauptet (I. 3. 4) gerade das Gegentheil. Hier müssen wir wohl auf der Seite Kant's stehen.

Gewissen   Als eine Folge hieraus ergibt sich auch die verschiedene Auffassung des Gewissens.

Für Locke, der jeden kategorischen Imperativ leugnet, muss das Gewissen eine blos subjective Meinung über die Rechtlichkeit einer Handlung sein. Nach Kant (X. S. 224) ist es „ein Bewusstsein, das für sich selbst Pflicht ist, oder die sich selbst richtende moralische Urtheilskraft."

Der Gottesbegriff nicht angeboren.   Im Begriffe Gottes begegnen sich wieder theilweise beide Philosophen. Cartesius erklärte diesen Begriff als angeboren. Locke leugnet dieses mit Nachdruck und sagt: „Wenn dieser Begriff nicht angeboren ist, so ist es auch nicht leicht ein anderer." Nach Kant bildet sich zwar die Vernunft die „theologische Idee"; aber diese hat keine theoretische Giltigkeit und kann nur gelten als regulatives Princip.

Erst auf dem Gebiete der praktischen Vernunft erscheint die theologische Idee als logische Folgerung des kategorischen Imperativs, worin — wie wir später sehen werden — wieder ein grundsätzlicher Unterschied zwischen Kant und Locke liegt. Jedenfalls ist auch nach Kant der Begriff Gottes nicht angeboren.

3.

Erstes Capitel des zweiten Buches.

Das zweite Buch hat positiven Inhalt und enthält den versprochenen Nachweis, woher der Verstand seine Vorstellungen erhalte. Es ist das wichtigste Buch des ganzen Werkes. Der Kern der Locke'schen Lehre ist im ersten Capitel dieses Buches enthalten. Es wird daher besser sein, zuerst dieses Capitel für sich näher in's Auge zu fassen, bevor wir dem Verfasser des essay in seiner weiteren Analyse der Vorstellungen folgen.

Da also die Seele ursprünglich ohne alle Vorstellungen ist, so gleicht sie einem weissen, unbeschriebenen Blatt Papier.[1]) Den Stoff des Wissens erhält sie aus der Erfahrung (experience), der Beobachtung und zwar entweder der äusseren Dinge oder der innerlichen Vorgänge unserer Seele.[2])

Die erste Quelle der Erfahrung sind die äusseren Dinge, welche durch die Sinne „das der Seele zuführen, was die Vorstellung in ihr hervorbringt." Diese Quelle nennt er sinnliche Empfindung (Kirchmann: Sinneswahrnehmung), sensation.

Die zweite Quelle ist die Wahrnehmung der Vorgänge unserer Seele. Diese könnte der innere Sinn genannt werden (internal sense); er wählt aber zum Unterschiede von der ersten Quelle dafür den Ausdruck reflection.[3])

„Diese Seelenvorgänge versehen den Verstand mit einer andern Gattung von Begriffen, welche von den äusseren Dingen nicht kommen können."[4])

Alle unsere Vorstellungen fliessen nur aus diesen zwei Quellen. Die Vorstellungen der Reflexion kommen später als die der Sensation, weil sie Aufmerksamkeit erfordern.

Die Seele beginnt Vorstellungen zu haben, wenn sie wahrzunehmen beginnt.

Die Seele denkt nicht immer, wie es Cartesius behauptet, der das Denken als Wesen der Seele, die Ausdehnung als Wesen des Körpers betrachtet; denn dieses müsste erst bewiesen werden, was nur durch Erfahrung geschehen kann.

---

[1]) white paper, void of all characters.

[2]) about external sensible objects, or about the internal operations of our minds. Poley übersetzt operations mit Wirkungen.

[3]) Poley übersetzt dieses Wort „Ueberdenken", Schärer „innerer Sinn", Kirchmann „Selbstwahrnehmung".

[4]) furnish the understanding with another set of ideas which could not be had from things without.

Diese Polemik gegen Cartesius führt er in interessanten Details bis §. 20, wobei er sorgfältig vermeidet, über das Wesen der Seele etwas dogmatisch aufzustellen.

§. 24 Nach den Sinneswahrnehmungen beginnt die Seele „mit der Zeit" (in time) auf ihr eigenes Thun zu achten und verschafft sich dadurch einen **neuen** Vorrath von Begriffen: **Die Reflexions-Begriffe.** [1]) Daher sind die Eindrücke auf unsere Sinne durch äussere Gegenstände der Seele äusserlich; die eigenen Thätigkeiten aber gehen **von inneren, der Seele selbst angehörigen Kräften** aus. [2]) Diese beiden sind die Gegenstände unserer Erfahrung.

Das erste Vermögen der Seele ist daher die Receptivität (Kirchmann: „Empfänglichkeit") für diese beiderseitigen Eindrücke. Alle unsere Begriffe, selbst „alle jene erhabenen Gedanken, die sich über die Wolken schwingen," nehmen hier ihren Ursprung; und nicht im Geringsten geht die Seele über die Begriffe hinaus, welche durch Sensation und Reflexion gebildet werden.

§. 25 Dabei ist die Seele meistens nur leidend; denn die Sinnesgegenstände und die Seelen-Operationen drängen uns die Vorstellung auf.

Locke's Empirismus. Der entscheidenste Schritt auf das Gebiet des Empirismus geschieht damit: **Von innen kommen die Ideen nicht, daher kommen sie von aussen, das heisst aus der Erfahrung.**

Dieser Schluss ist kühn, zu kühn! Begreiflich erregte er grosse Aufregung unter den Geistern; aber er sagte dem menschlichen Forschergeiste und — vielleicht der menschlichen Eitelkeit zu. Kurz: Locke's Denkweise beherrschte ein Jahrhundert lang Frankreich und England.

In Deutschland hatte sich schon 1704 ein Widerleger dieses kühnen Schlusses gefunden: Leibnitz, der dem

---

[1]) ideas of reflection.
[2]) proceeding from powers intrinsical and proper to itself.

essay Locke's seine nouveaux essais sur l'entendement humain entgegenstellte.¹)

Doch diese Widerlegung war keine überzeugende, da Leibnitz in das andere Extrem verfiel: **Alle Ideen kommen von innen.**

Erst beiläufig hundert Jahre nach dem Erscheinen des essay erschien das epochemachende Werk des Philosophen von Königsberg, welcher der Welt zurief: „Beide haben Unrecht — Locke und Leibnitz. **Die Vorstellungen kommen weder blos von innen, noch blos von aussen, sondern von beiden Seiten.**" War aber damit die grosse Weltfrage endgiltig gelöst? Befriedigt die Kantische Erklärung der Vorstellungen in jeder Hinsicht? Leider nein, wie die nachfolgenden Systeme es zeigen. Man kritisirte seitdem auch an Kant und wies ihm vermeintliche oder offenbare Fehler nach. Wann wird aber ein allseitig befriedigendes, ein objectiv richtiges System auftauchen? ἐν γούνασι θεῶν κεῖται. Doch so viel steht fest, dass Kant jedenfalls einen bedeutenden Schritt zur idealen Lösung dieser Frage näher machte.

Nur das sei hier bemerkt, dass in neuester Zeit die Philosophie in dasselbe Geleise zurückgekommen ist, das Locke zuerst eingeschlagen hat.

Ein Empirist ist also Locke jedenfalls, da er im §. 24 ausdrücklich nur die Erfahrung als Quelle unserer Vorstellungen nennt.

Ist er aber auch **Sensualist?** Wir lesen dies zwar in neueren Werken oft genug,²) und auch Kant klagt

Locke kein Sensualist.

---

¹) Schon 1696 hatte Leibnitz eine Reihe von Bemerkungen geschrieben unter der Aufschrift: Reflexions sur l'essay de l'entendement humain de Mr. Locke. Diese sollte Locke der französischen Uebersetzung seines Werkes beifügen. Es geschah aber nicht, sondern sie wurden erst 1708 mit den nachgelassenen Briefen Locke's veröffentlicht.

²) So in der histor. Entwicklung der speculativen Philosophie von Chalybaeus.

Fischer (S. 32): „Durch die Erfahrung ist nicht eine Erkenntniss der Dinge überhaupt, sondern nur der sinnlichen Dinge möglich. Darin bestand Locke's Dogma."

Lange (S. 145) spricht von „dem empirischen Sensualismus, den Locke ausbildete." Und weiter (S. 224) sagt er: „Locke lässt alle und jede Erkenntniss von aussen kommen."

Hettner (I. S. 155): „Wenn es erlaubt ist, in hergebrachten Kunstausdrücken zu sprechen, so kann man sagen, was bei Newton Mechanismus ist, ist bei Locke Sensualismus."

(II. S. 222). „Locke sensificire die Verstandesbegriffe." Richtiger spricht Kant (II. S. 657 und 728), wenn er sagt, dass „Locke alle Begriffe und Grundsätze von der Erfahrung ableite;" denn Erfahrung ist ein weiterer Begriff, als Sinneswahrnehmung. Locke's Werk kann eben mit gar keinem allgemeinen Namen bezeichnend charakterisirt werden, da es kein geschlossenes System darstellt.

Wenn wir unser Capitel aufmerksam überlesen, müssen wir im Namen Locke's gegen die Bezeichnung Sensualismus Einsprache erheben.

Merkwürdigerweise fanden sich erst in den Jahren 1860 und 1861 Männer, die Locke gegen diese zu generelle Auffassung seines Werkes schützten: 1860 Schärer (S. 96 allerdings noch etwas unbestimmt und schüchtern), 1861 Hartenstein und Drobisch.

Vielleicht hat auch Kant die Sensificirung nicht so eigentlich gemeint, da er sonst nur von der Empirie spricht.

Die Gründe, dass Locke kein Sensualist ist, sind in Kurzem folgende: 1. Die Vorstellungen der primary qualities entstehen allerdings durch äusserlichen Eindruck mittelst der Sinne, aber nicht die der secondary qualities (II. 8, 13). „Hier besteht nichts in den Körpern, was den Vorstellungen gliche." 2. Die Seele nimmt in Folge der Sinneswahrnehmungen Operationen vor. Diese Operationen kommen nicht durch die Sinne, sondern nach den Sinneswahrnehmungen zum Vorschein und „sie versehen den Verstand mit einer anderen Gattung von Begriffen, welche von äusseren Dingen nicht kommen." (II. 1, 4). „Sie gehen von inneren, der Seele selbst angehörigen Kräften aus." (II. 1, 24). 3. Die Reflexion, das ist das Vorstellen der Seelen-Operationen verschafft einen neuen Vorrath von Begriffen.

Also von innen und von aussen (allerdings nur durch Erfahrung, das heisst Beobachtung) werden Eindrücke auf die Seele gemacht. Daher hat Drobisch (S. 10) ganz Recht, wenn er meint, nach Locke sei die tabula rasa eigentlich die Oberfläche einer Kugel, auf welcher die Sinnes-Affection von aussen, die Reflexions Affection von innen geschieht.

Receptivität und Spontaneität. Nicht zu übersehen ist, dass hier Locke doch etwas Immanentes (allerdings keine immanenten Ideen) annimmt: die Seelenkräfte, welche die Operationen hervorbringen, und die Receptivität für die beiderseitigen Eindrücke. Offenbar muss uns das erinnern an Kant's Spontaneität und Receptivität. Hierin liegt von Seite Locke's eine nur verschleierte Inconsequenz. Diese Seelenkräfte deuten auf eine Spontaneität oder Activität der Seele, und doch sagt Locke, der Verstand sei dabei nur leidend. Zu erklären ist diese Inconsequenz Locke's durch das ängstliche Bemühen, über das Wesen der Seele nichts Dogmatisches aufzustellen, was ihm übrigens mit Kant gleich ist.

Aus dem Standpunkte der Empirie, nach welchem vor einer Sinneswahrnehmung eine Denkthätigkeit wegen Mangel an Denkstoff nicht möglich ist, folgt nothwendig die Behauptung, dass die Seele nicht immer denken müsse. *(Denken nicht das Wesen der Seele.)*

Locke theilt da den Irrthum des Cartesius, dass Vorstellen und Denken (das heisst bewusstes Vorstellen) identisch sei. Das erwies schon Leibnitz in seiner Monadologie (§. 14) als unwahr, indem er perceptio und apperceptio schied.

Kant äussert sich hierüber nirgends genauer. Er hat zwar für die Zwecke seiner Anthropologie die unbewussten und dunklen Vorstellungen identificirt; aber in der Kritik (II. S. 793) nimmt er den principiellen Unterschied wieder auf: „Ein gewisser Grad des Bewusstseins muss selbst in manchen dunklen Vorstellungen anzutreffen sein." [1]

Wir denken, dass man vom Standpunkte der Erfahrung Locke Recht geben müsse darin, dass es auch eine Zeit gibt, in der die Seele nicht denkt, das heisst eine Zeit, in der die Seele noch nicht angefangen hat zu denken. Ist aber einmal das Denken eingetreten, so wird die Seele auch fort und fort sich Vorstellungen erzeugen, wenn diese auch nach Kant's Ausdruck (VII. 2. S. 21) öfters „dunkle" sind. Danach hätte auch Locke Unrecht, wenn er behauptet, dass, wenn wir uns keiner Träume erinnern können, daraus folge, dass wir nicht gedacht haben.

---

[1] Vergl. Eduard v. Hartmann's Philosophie des Unbewussten. S. 14—18.

Schliesslich erwähnen wir noch den bekannten Gegensatz zwischen Locke und Kant, über welchen wir nicht viel zu sprechen brauchen. Nach dem Empirismus Locke's gibt es keine Erkenntniss, die nicht aus der Erfahrung käme, das heisst es gibt keine apriorische Erkenntniss. Nach Kant gibt es aber Erkenntnisse a priori. Nach Locke ist der Verstand blos leidend, nach Kant (VII. 2. S. 28) ist er thätig und leidend.

Da aber, trotz des Erfahrungsstandpunktes Locke's, doch der Seele Kräfte innewohnen, die in ihr Operationen erzeugen, so hätten wir in diesem Sinne auch bei Locke etwas Apriorisches, welches Erfahrung erzeugt, ohne selbst zur Erfahrung zu gehören. Es ist daher auch in dieser Hinsicht Locke kein Antipode Kant's.

4.

Die übrigen Capitel des zweiten Buches.

Nun unternimmt Locke auf der gegebenen Basis eine Analyse der verschiedenen Vorstellungen.

Die letzten Elemente derselben sind die **einfachen Vorstellungen** oder Begriffe (simple ideas) im Gegensatze zu den zusammengesetzten (complex ideas). Die Begriffsbestimmung der Einfachheit fehlt an dieser Stelle. Erst später (II. 13, 1) sagt er, er verstehe dieses mehr „nach dem Wege, wie sie in die Seele kommen, als nach ihrem Unterschiede von anderen zusammengesetzten Vorstellungen." Darnach wären also diejenigen Vorstellungen einfach, bei deren Entstehung ein verschiedenartiges Mannigfaltige sich nicht unterscheiden lässt. Nach dem heutigen Standpunkte der Physik ist diese Unterscheidung von einfachen und zusammengesetzten Vorstellungen nicht mehr stichhältig.[1])

Diese einfachen Vorstellungen drängen sich von selbst auf; die Seele kann sie weder erzeugen noch zerstören.

---

[1]) Schon der Uebersetzer Poley bemerkte, dass diese Unterscheidung formaliter gemeint sei und auf einem Irrthume beruhe. Dabei beruft er sich auf die Entdeckung Newton's, dass das für einfach geltende weisse Sonnenlicht zusammengesetzt sei.

Er nimmt an, dass der Mensch fünf Sinne habe, „obgleich man vielleicht deren mehr annehmen könnte."

Diese einfachen Vorstellungen werden auf vierfache Weise erzeugt: 1. Durch **einen Sinn**. Hieher gehören Farben, Töne und die Dichtigkeit.¹) 2. Durch **mehrere Sinne**. So werden Gestalt, Ruhe und Bewegung durch das Sehen und Tasten vorgestellt. 3. Durch **Reflexion**. Hieher gehören das Vorstellen (oder Denken) und das Verlangen (oder Wollen), für welche die Seele als Vermögen den Verstand und den Willen hat. 4. Durch **Sensation und Reflexion**. Hieher gehören die Vorstellungen: Lust und Schmerz, Kraft, Dasein, Einheit. Die Vorstellung der Zeit ist an die Reflexion auf den Verlauf unserer Vorstellungen gebunden.

Diese einfachen Vorstellungen sind der Stoff unseres Wissens, wie die 24 Buchstaben den Stoff zu den Sprachen bilden.

Jede einfache Vorstellung ist eine wirkliche positive Vorstellung, „wenn auch ihre Ursache nur eine Beraubung des Gegenstandes sein sollte," z. B. Hitze und Kälte, Licht und Finsterniss, Weiss und Schwarz.

Nun kommt die wichtige Frage an die Reihe, ob unsere Vorstellungen genaue Abbilder (Copien) der Eigenschaften der äusseren Dinge sind, wie die damalige Schul-Philosophie factisch es lehrte.

Eigenschaft nennt Locke die Kraft, irgend eine Vorstellung in unserer Seele hervorzubringen. ²)

Locke zerstört jenes Vorurtheil in ausführlicher Weise. Er unterscheidet zwischen den ersten oder Haupteigenschaften (**primary oder original qualities**) und den zweiten oder Nebeneigenschaften (**secondary qualities**). Die letzteren zerfallen wieder in **sinnliche Eigenschaften und Kräfte**, je nachdem ein Ding eine sinnliche Empfindung **unmittelbar** oder **mittelbar** (das heisst durch eine von einem anderen Dinge empfangene Einwirkung, z. B. Sonne, Wachs, Bleichen) hervorbringt.

Die **primary qualities** sind den Vorstellungen ähnlich; die sinnlichen Eigenschaften sind nicht

---

¹) Dabei bestreitet Locke den Satz des Cartesius, dass Ausdehnung das Wesen des Körperlichen ist.
²) the power to produce any idea in our mind.

ähnlich, obwohl man es von ihnen glaubt. Von den Kräften pflegt man es nicht einmal zu glauben.

§. 9. Primary qualities sind solche, die von den Körpern ganz unzertrennlich sind.¹) Als solche nennt er die Dichte, Ausdehnung, Gestalt, Bewegung oder Ruhe, Zahl.

§. 10. Secondary qualities sind Eigenschaften, die wirklich nichts anderes in den Dingen selbst sind, als nur Kräfte, die mittelst der Haupteigenschaften sinnliche Empfindungen in uns hervorbringen.²)

Hieher rechnet er Farben, Töne, Geschmäcke.

§. 11. Die Entstehung der Vorstellungen der primary qualities wird auf mechanische Weise erklärt: durch Stoss, den einzelne nicht wahrnehmbare Körpertheile auf unser Gehirn ausüben.

§. 12. Ebenso ist es mit den Vorstellungen der secondary qualities; nur ist hier anzunehmen, dass, da diese Vorstellungen keine Aehnlichkeit haben mit den mechanischen Stossbewegungen, Gott selbst solche Vorstellungen mit solchen Bewegungen verknüpft.

Als Beispiel dient die blaue Farbe und der angenehme Geruch eines Veilchens.

9. Capitel. Im neunten Capitel zerlegt Locke die Vorstellungen durch Reflexion, die zum Objecte die Seelenoperationen haben. Bekanntlich gehen letztere (II. 1, 24) von inneren, der Seele selbst angehörigen „Kräften"³) aus.

Diese Kräfte oder Vermögen benützt Locke als bequemes Hilfsmittel, die verschiedenen geistigen Thätigkeiten zu unterscheiden und in ihrer natürlichen Folge aufzuzählen.

§. 1. Das erste Vermögen ist das Wahrnehmungsvermögen;⁴) die erste Reflexions-Vorstellung ist also das Wahrnehmen.

§. 2. Was Wahrnehmen sei, kann jeder selbst am besten erkennen.

---

¹) utterly inseparable from the body.
²) which in truth are nothing in the objects themselves, but powers to produce various sensations in us by their primary qualities.
³) Hartenstein übersetzt „Vermögen".
⁴) Perception, as it is the first faculty.
Poley übersetzt „Empfindungsvermögen", Hartenstein „Vorstellungsvermögen".

Zum Wahrnehmen gehört vor Allem die innere Beachtung, sonst kommt es nicht zu Stande.

Daran schliessen sich reichhaltige psychologische Bemerkungen, die aber für uns keine unmittelbare Wichtigkeit haben.

Das zweite Vermögen ist das des Festhaltens der einfachen Vorstellungen.[1]) Dieses geschieht durch verweilende Betrachtung und durch das Gedächtniss.

Unter Gedächtniss versteht Locke die Kraft, Vorstellungen in der Seele wieder zu erwecken.

Die Bedeutung desselben ist so gross, dass dort, wo es fehlt, die übrigen Seelenvermögen zum grossen Theile nutzlos werden.

Auch hier finden wir eine Reihe von treffenden psychologischen Bemerkungen.

Das dritte Vermögen ist das Unterscheidungsvermögen[2]), um die verschiedenen Vorstellungen auseinanderhalten zu können.

Dieses Unterscheiden bedingt daher ein Vergleichen,[3]) worauf Locke ein grosses Gewicht legt. „Von ihr hängt der grosse Stamm von Vorstellungen ab, die man Beziehungen (relation) nennt."

Daran reiht sich die Verbindung (composition) und Erweiterung (enlarging).

Der Mensch wird auch suchen, alle diese Vorstellungen zu benennen und um nicht für jedes Ding ein besonderes Wort zu brauchen, zu verallgemeinern oder abstrahiren. Letzteres kommt den Thieren nicht zu.

Dieses sind die Anfänge des menschlichen Wissens.

Die zusammengesetzten Vorstellungen lassen sich auf drei Arten zurückführen : 1. Zufälligkeiten (modes), 2. Substanzen (substances), 3. Verhältnisse (relations).[4])

Der Begriff der Substanzen, der wichtigste unter diesen, entspricht dem Begriffe des Dinges mit seinen Eigenschaften. Alle Einzelheiten sind, wie die Unter

---

[1]) The next faculty of the mind is that which I call retention or the keeping of those simple ideas.

[2]) Another faculty we may take notice of in our minds, is that of discerning and distinguishing between the several ideas it has.

[3]) Dafür nennt Locke kein eigenes Vermögen, was übrigens bei der willkürlichen Behandlung der Vermögen nicht viel bedeuten will.

[4]) Reinhold übersetzt: 1. innere Bestimmungen der Dinge ; 2. Substanzen ; 3. Verhältnissbegriffe.

scheidung selbst, willkürlicher Art und kommen für unsere Frage nicht in Betracht.¹)

6. Capitel.
Die Capitel 13 bis 22 enthalten eine Kritik von mehreren wichtigen Begriffen der scholastischen Metaphysik. Hieher gehören die Begriffe: Raum, Substanz, Kraft, Zeit, Ewigkeit, Zahl, Unendlichkeit (ein negativer Begriff), Vermögen, Freiheit (Kraft zu denken und zu bewegen oder nicht), Nothwendigkeit (Mangel der Macht, nach der Leitung der Gedanken zu handeln oder nicht), Wollen (das Unbehagliche des Begehrens bestimmt den Willen, nicht ein positives Gut), Glück (äusserstes Mass der Lust).

Dabei ist die Realität der praktischen Vernunft vorausgesetzt, aber nicht philosophisch verwerthet; das letzte Urtheil gibt immer der Verstand.

Capitel.
Substanz ist der Träger der Eigenschaften eines Dinges, welche im Stande sind, einfache Begriffe in uns hervorzubringen.

§. 1.
Wir haben von einer Substanz keinen klaren Begriff. Es gibt drei Arten von Substanzen: Gott, Geist und Körper.

3.
Der Geist ist die vorausgesetzte Substanz der Seelen-Operationen; auch von ihm haben wir keinen klaren Begriff.

§. 7.
Die Kräfte machen einen grossen Theil von der zusammengesetzten Vorstellung der Substanz aus.

§. 10.
Die Hauptvorstellungen des zusammengesetzten Begriffes Körper sind: Zusammenhang der Theile und Bewegungskraft.

§. 18.
Die Hauptvorstellungen des zusammengesetzten Begriffes Geist sind: Denken und Beweglichkeit oder Wollen und Freiheit.

§. 22. 32.
Diese beiderseitigen Hauptvorstellungen sind gleich schwer zu begreifen.

§. 33.
Nicht anders geht es mit dem zusammengesetzten Begriffe Gott. Dieser Begriff wird gebildet durch das Vermögen der Erweiterung der Begriffe. Das Resultat des 23. Capitels ist folgendes:

§. 37.
Alle Substanz-Begriffe sind Zusammensetzungen einfacher Vorstellungen. Selbst zu den höchsten Begriffen (z. B. Engel und Gott) gelangen wir nur durch die ein-

---

¹) Vergl. Hartenstein. S. 26.

fachen Vorstellungen der Sensation und Reflexion. Die meisten einfachen Vorstellungen, die den Substanz-Begriff bilden, sind Kräfte und keine wirklichen Eigenschaften. So z. B. befinden sich die einfachen Vorstellungen: gelb, schwer, geschmeidig, auflöslich nicht in dem Golde an sich, sondern sie hängen von den Haupteigenschaften (primary qualities) des Goldes ab.

Es gibt auch Vorstellungen von Aggregaten der Dinge, z. B. Heer, Sternbild, Welt. Diese Vorstellungen entstehen durch die Fähigkeit der Seele, die verschiedenartigsten Dinge in einen Begriff zusammenzufassen. *24. Capitel.*

Das 25. Capitel handelt von den Relationen im Allgemeinen. Die Einzelheiten desselben haben aber für uns hier kein besonderes Interesse. *25. Capitel.*

Das 26. Capitel handelt von der Causalität, welche die wichtigste Art der Relationen ist. *26. Capitel.*

Ihre Quelle liegt in der Erfahrung; nur das eine wissen wir durch Erfahrung nicht, auf welche Weise die Wirkung hervorgebracht wird.

Das 27. Capitel handelt von der Identität und Verschiedenheit. *27. Capitel.*

Die Identität des Menschen besteht in der Fortdauer seines körperlichen Organismus. . §. 8.

Die Identität der Person (self) besteht im Selbstbewusstsein, auch wenn die Substanzen sich ändern. §. 9.

Auf dieser Identität der Person beruht die Gerechtigkeit, Lohn und Strafe. §. 18.

Unser Selbstbewusstsein ist wahrscheinlich an eine immaterielle Substanz gebunden.[1] §. 25.

Das 28. Capitel handelt von anderen Arten von Relationen und besonders von den sittlichen Relationen, d. h. Sittenregeln und Gesetzen. *28. Capitel.*

Das göttliche Gesetz ist Regel oder Massstab für die Sünde und die Pflicht. §. 8.

Das bürgerliche Gesetz ist der Massstab für Verbrechen und Unschuld. §. 9.

Das philosophische Gesetz, d. h. das Gesetz der Meinung und des Rufes ist der Massstab für die Tugend und das Laster. §. 10.

---

[1] I agree, the more probable opinion is, that this consciousness is annexed to, and the affection of, one individual immaterial substance Vergl. IV. Buch, 3, 6.

Nach dieser Prüfung der wichtigsten metaphysischen Begriffe untersucht er nun den wirklichen und möglichen Umfang unseres Wissens.

29. Capitel   Das 29. Capitel handelt von der Klarheit und Dunkelheit, Deutlichkeit und Undeutlichkeit der Vorstellungen und gibt deren Gründe an.

§. 1.   Eine klare Vorstellung ist diejenige, von welcher die Seele eine volle und sichere Auffassung hat.

Eine deutliche Vorstellung ist diejenige, welche die Seele von anderen Vorstellungen unterscheiden kann.

30. Capitel.   Das 30. Capitel handelt von den wirklichen und eingebildeten Vorstellungen (real und fantastical ideas).[1]) Wirkliche (reelle) Vorstellungen sind jene, die in der Natur der Dinge ihren Grund haben.

§. 2.   Alle einfachen Vorstellungen sind reell, d. h. sie stimmen mit den Dingen überein. Sie sind zwar nicht Copien oder Bilder von dem, was wirklich da ist (was ja nur bei den Haupteigenschaften der Fall ist); aber sie sind den Kräften der Dinge, welche diese einfachen Vorstellungen in uns hervorbringen, übereinstimmend.

§. 3 und 4.   Zusammengesetzte Vorstellungen sind, weil sie durch freiwillige Zusammensetzung entstehen, sich selbst Original und können keinem äusseren Gegenstande entsprechen. Sie sind daher reell, wenn sie widerspruchslos sind.

§. 5.   Die Vorstellungen der Substanzen sind reell, wenn sie Verknüpfungen von solchen einfachen Vorstellungen sind, die in den Dingen ausser uns wirklich zugleich da sind.

31. Capitel   Hierauf folgt die Untersuchung über die entsprechenden und nicht entsprechenden Vorstellungen (adequate ideas und inadequate ideas). Entsprechend sind die Vorstellungen, welche vollkommen die Muster (Originale) darstellen, auf die man sie bezieht.

Nichtentsprechend sind die Vorstellungen, welche nur theilweise oder unvollständig die Muster (Originale) darstellen, auf die man sie bezieht.

Zu den adäquaten Vorstellungen gehören alle einfachen Vorstellungen, ferner die willkürlich verknüpften modi und

---

[1]) Hartenstein setzt die Ausdrücke „giltig und ungiltig" dafür ein, und zwar im Sinne der empirischen Thatsächlichkeit und der logischen Widerspruchslosigkeit.

relationes. Dagegen sind alle Vorstellungen von Substanzen inadäquat.

Endlich unterscheidet Locke **wahre** und **falsche** Vorstellungen (true and false ideas), d. h. giltige oder wirkliche und ungiltige oder eingebildete Vorstellungen. Die Wahrheit oder Falschheit tritt nicht in den Einzelvorstellungen hervor; denn alle Einzelvorstellungen sind Erscheinungen in der Seele und können daher nicht wahr oder falsch genannt werden. Die Wahrheit oder Falschheit der Vorstellungen liegt nur in der Uebereinstimmung oder Nichtübereinstimmung mit etwas Anderem. Dieses Andere kann nun sein: a) Die Vorstellungen Anderer, b) die Wirklichkeit, c) das vorausgesetzte Wesen der Dinge. Die einfachen Vorstellungen der Qualitäten eines Dinges können daher nie falsch sein; wohl aber können Substanz-Begriffe falsch sein, wenn nicht wirkliche Merkmale aufgenommen oder wirkliche ausgelassen werden.

Ueberhaupt wären die Vorstellungen in Beziehung auf die eigentliche Wortbedeutung oder auf die Wirklichkeit der Dinge am passendsten **richtige** oder **unrichtige** (right oder wrong ideas) zu nennen, je nachdem sie mit ihren Mustern übereinstimmen oder nicht.

Das 33. Capitel, das letzte dieses umfangreichen Buches, handelt von den **vergesellschafteten** Vorstellungen (association of ideas), d. h. von den zusammengesetzten Vorstellungen, welche fehlerhaft — sei es freiwillig oder unfreiwillig — aus nicht verknüpfbaren einfachen Vorstellungen gebildet werden. Diese Vorstellungen sind die Quellen vieler Irrthümer. Der Uebersetzer Poley bemerkt dazu, dass Locke diese Art von Begriffen erst erfunden hat. Ein Beispiel dafür ist die Verknüpfung der einfachen Vorstellungen Gespenst und Finsterniss, Beleidigung und Beleidiger, Sterbezimmer und Tod, Operationsqualen und Wundarzt. Als ein besonders hervorstechendes Beispiel dieser Art erzählt Locke aus seiner eigenen Erfahrung, dass ein junger Mann nur in einem solchen Zimmer gut tanzen konnte, in welchem ein alter Schrank sich befand, weil er in einem solchen Zimmer das Tanzen gelernt hatte. Aus dieser falschen Ideen-Association entsteht auch der unversöhnliche Gegensatz von philosophischen und religiösen Secten.

Man verzeihe mir die vielleicht zu grosse und lückenhafte Uebersichtlichkeit in der Darstellung des Inhaltes des zweiten Buches. Die Einzelheiten dieses Buches sind sehr interessant und haben dem Verfasser einen guten Theil seines Ruhmes eingetragen; sie sind aber auch systemlos und in eine Unmasse von Einzelfällen zersplittert.

Wir dürfen uns aber nicht zu sehr in Details verlieren, über die man ganze Bücher schreiben könnte, und werden nur diejenigen hervorheben, die mit dem Systeme Kant in Beziehung stehen.

Auch habe ich das grundlegende erste Capitel dieses Buches abgesondert besprochen, und alle anderen Capitel in continuo vorgeführt, um die Kritik der verschiedenen metaphysischen Begriffe und die Consequenzen daraus nicht zu unterbrechen.

Noogonie.   Kant nennt diese Zerlegung der Vorstellungen in ihre Elemente und den Aufbau aller Vorstellungen aus den Elementen im tadelnden Sinne ein Noogonie (II., S. 222). Auch Kant's getreuer Schüler Jäsche (III., S. 105) spricht sich in dieser Frage nichts weniger als anerkennend über Locke aus: „Locke suchte den menschlichen Verstand zu zergliedern und zu zeigen, welche Seelenkräfte und welche Operationen derselben zu dieser oder jener Erkenntniss gehören. Aber er hat das Werk seiner Untersuchung nicht vollendet; auch ist sein Verfahren dogmatisch."

Wenn auch Locke, der zuerst dem Dogmatismus in optima forma den Krieg erklärt hat, sonst den Anschein des Dogmatismus ängstlich zu meiden sucht,[1]) hier haben die Kantianer ganz entschieden Recht. Jeder Leser wird nach der Lectüre der vorangeschickten Analyse des zweiten Buches das Gefühl haben, dass uns Locke seine einfachen Vorstellungen ohneweiters dogmatisch aufdrängt, ohne dass wir sie wirklich als Elemente der zusammengesetzten Vorstellungen zu erkennen vermögen.

Selbst Drobisch, der Vertheidiger Locke's, nennt diese Annahme unseres Philosophen „eine empirische Naivetät" — gewiss ein ganz zutreffender Ausdruck!

---

[1]) So z. B. zweifelt Locke in Betreff der allgemein angenommenen Fünfzahl der Sinne, ob man nicht vielleicht deren mehr annehmen könne.

So interessant der Aufbau aller unserer Vorstellungen auf der Grundlage ihrer Elemente (der einfachen Vorstellungen) ist; so systematisch Locke selbst sein Verfahren vorgekommen sein mag: die Grundlage wankt und damit das ganze Gebäude.

Nur in psychologischer Hinsicht können wir diesem Theile des essay unser Interesse entgegenbringen. Dazu kommt noch, dass die Gedanken Locke's, wie die Fluthen eines ausgetretenen Gebirgsbaches nach tausend Richtungen sich ergiessen, durch zu grosse Fülle der Beispiele und durch unnöthige Wiederholungen (z. B. über die Begriffe Kraft und Substanz) sich so zersplittern, dass man oft Mühe hat, den laufenden Faden nicht aus den Augen zu verlieren.

Wenn also Kant der „Noogonie" Locke's nicht viel Wichtigkeit beilegt und auch die folgende Kritik der wichtigsten metaphysischen Begriffe nicht hoch anschlägt, so können wir ihm nur beistimmen.

Unter den einfachen Ideen Locke's sind einige, von denen wir nicht leicht begreifen, wie man sie Ideen (d. h. im Sinne Locke's „Vorstellungen") nennen kann. Ich erinnere nur an die „Ideen" Denken, Wollen, Lust, Schmerz. Darauf scheint auch Kant sich zu beziehen, wenn er (I., S. 586) sagt: „Zwar haben Philosophen, die wegen der Gründlichkeit ihrer Denkungsart übrigens alles Lob verdienen, diese Verschiedenheiten der Seelenvermögen nur für scheinbar zu erklären und alle Vermögen auf's blosse Erkenntnissvermögen zu bringen gesucht."

Ideen.

Man kann nur annehmen, das Locke sie insofern Ideen nannte, als sie vor das Bewusstsein gebracht, d. h. gedacht werden können.

In den vier Locke'schen Ideen: Denken, Lust und Unlust, Wollen hätten wir die drei Kant'schen „Vermögen des menschlichen Gemüths": Erkenntnissvermögen, das Gefühl der Lust und Unlust, das Begehrungsvermögen oder mit anderen Ausdrücken: Verstand, Urtheilskraft, Vernunft.¹)

Vermögen

Was übrigens die Frage der Seelenvermögen betrifft, so ist Kant darin in denselben Fehler verfallen wie Locke. Auch Kant hat seine Seelenvermögen aus der Wolf'schen

---

¹) Vgl. Kant I. S. 586 und 615; IV. S. 10; VII. 2. Abth. S. 100.

Philosophie empirisch und ohne Nachweis aufgenommen.[1]) Nur das hat Kant vor Locke voraus, dass seine Seelenvermögen einen geschlossenen Organismus bilden, während Locke in dieser Frage sich völlig unklar ist. Was man sonst Vermögen nennt, führt Locke unter den einfachen Ideen auf; und später, wo er von den Vermögen ausdrücklich spricht, lässt er uns ganz im Unklaren, wie viele Vermögen er eigentlich postulire. Von einem Nachweise derselben ist selbstverständlich gar keine Rede.

Ausdrücklich nennt Locke nur drei Vermögen;[2]) andere, wie z. B. das Vermögen für das Vergleichen, Verbinden und Abstrahiren, scheint er vorauszusetzen.

Wenn er (II. 21. 6) die Unterscheidung verschiedener Seelenvermögen nicht ablehnt und nur warnt, diese nicht wie selbstständig handelnde Wesen in der Seele zu behandeln, damit so nicht Verwirrung entstehe: so ist auch damit nichts Anderes gekennzeichnet, als die Unklarheit Locke's über Seelenvermögen, die ihm — wie begreiflich — in seinen Empirismus nicht recht hineinpassten.

Gemeinschaftlich mit Kant hat Locke übrigens das, dass er es grundsätzlich vermeidet, über das Wesen der Seele sich genauer zu äussern, obwohl doch hier die beste Gelegenheit dazu wäre.

Wichtiger ist für uns ferner die Bemerkung Locke's zu den Ideen der Lust und Unlust.

„Sie lassen sich nicht beschreiben oder erklären; jeder muss sie durch eigene Erfahrung kennen lernen." (II. 20. 1).

Diese Bemerkung klingt wie ein bedenklicher lapsus memoriae Locke's, der das ganze erste Buch dem Beweise gewidmet hat, dass es keine angebornen Ideen gebe, und der nun doch von den Ideen der Lust und Unlust behauptet, sie begleiten die meisten Vorstellungen und können nur durch eigene Erfahrung kennen gelernt werden, das heisst sie liegen schon in uns und werden nur durch andere Vorstellungen erweckt. Man könnte einwenden, Locke verstehe hier vielleicht Idee in einem

---

[1]) Was ihm Drobisch als Herbartianer natürlich als schweren Fehler anrechnet.

[2]) Faculty of perception, of retention, of discerning.

anderen Sinne; dem widerstreitet aber der ganze Zusammenhang [1]) und auch der Umstand, dass Locke keine Sylbe von einer anderen Auffassung des Wortes „Idee" fallen lässt.

Aber gerade diese Inconsequenz Locke's bildet eine Brücke zu Kant hinüber. Wenn Lust und Unlust angeboren ist und die meisten Ideen begleitet, so ist eben kein grosser Unterschied mehr zwischen ihm und Kant, der bekanntlich ein angebornes Gefühl der Lust und Unlust annimmt.

Ueber den physischen oder eigentlich mechanischen Einfluss, durch welchen nach Locke die Vorstellungen erzeugt werden, spricht Kant nirgends kritisirend; ja er zählt (II. S. 310) das System des physischen Einflusses zu den drei einzig möglichen Systemen hierüber. Doch auch hier legt Locke wenig dogmatischen Werth auf die Entstehung der Vorstellungen. [2]) *(Mechanisches Entstehen der Vorstellungen.)*

Besonders wichtig und vielbesprochen ist Locke's Unterscheidung der **Haupt-** und **Nebeneigenschaften** (primary und secondary qualities). Dass alle Eigenschaften nicht zu den Dingen an sich, sondern zu den Erscheinungen (phaenomena) derselben gehören — so lautet Kant's Lehre. Bei den primary qualities wäre das nun nicht der Fall. Diese sind nach Locke Copien der Dinge an sich. Wohl aber ist es so bei den secondary qualities, die nur Kräfte sind, welche die sinnlichen Eigenschaften in uns hervorbringen. In den letzteren stimmt also Locke mit Kant überein, und dieser unterlässt es auch nicht, Locke in seinen Prolegomenis zur Metaphysik (S. 40) rühmend zu erwähnen: „Dass manche Prädicate nicht zu den Dingen selbst, sondern zu ihren Erscheinungen gehören (z. B. Wärme, Farbe, Geschmack), ist etwas, was schon vor Locke's Zeit, am meisten aber nach diesem allgemein angenommen und zugestanden ist." *(Haupt- und Nebeneigenschaften.)*

Ueber das Verhältniss Locke's zu Kant in diesem Punkte äussert sich Schopenhauer: [3]) „Wir sehen also, dass Locke von der Beschaffenheit der Dinge an sich,

---

[1]) Locke nennt ausdrücklich Lust und Schmerz einfache Ideen (pleasure and pain simple ideas), wie alle vorhergehenden.
[2]) Vgl. Hartenstein S. 18.
[3]) Parerga und Paralipomena I. S. 15.
Aehnlich spricht Schopenhauer in „Welt als Wille und Vorstellung."

deren Vorstellungen wir von aussen empfangen, in Abrechnung bringt, was Action der Nerven der Sinnesorgane ist. Auf diesem Wege aber that Kant später den unermesslich grösseren Schritt, auch in Abrechnung zu bringen, was Action unseres Gehirns (dieser ungleich grösseren Nervenmasse) ist, wodurch alsdann alle jene angeblich primären Eigenschaften zu secundären und die vermeintlichen Dinge an sich zu blossen Erscheinungen herabsinken, das wirkliche Ding an sich aber — jetzt auch von blossen Erscheinungen entblösst — als ein blosses X übrig bleibt."

In der Erklärung der Vorstellung der primary und secondary qualities hat übrigens Locke specielle Gegner gefunden. Dass die primary qualities objective Realität haben sollen, das ist der Punkt im System Locke's, wo Hume seinen Hebel ansetzte, um seinen Skepticismus zu entfalten.

Gegen die Intervention Gottes (le bon plaisir de dieu) wandte sich spottend Leibnitz; dafür hat er eine expressive Aehnlichkeit der secondary qualities angenommen, die er durch das Beispiel der Kegelschnitzlinien erläutert.

Ding an sich und Erscheinung.

In dieser Unterscheidung der primary und secondary qualities lässt sich auch die Kant'sche Unterscheidung zwischen Ding an sich und Erscheinung finden.

Bekanntlich hat schon Schopenhauer darauf aufmerksam gemacht. Damit will ich natürlich nicht behaupten, dass Kant factisch aus Locke seine berühmte Unterscheidung geschöpft habe.

Da nämlich nach Locke nur die primary qualities (das heisst die den Dingen an sich inhärirenden Eigenschaften) der Wirklichkeit entsprechen, die secondary qualities (das heisst die nur unserer Erkenntniss angehörenden Eigenschaften) aber der Wirklichkeit nicht entsprechen: so sagt Schopenhauer (l. c. S. 15): „Dieses ist der Ursprung des später in der Kantischen Philosophie so höchst wichtig werdenden Unterschiedes zwischen Ding an sich und Erscheinung. Hier ist also der wahre genetische Anknüpfungspunkt der Kantischen Lehre an die frühere Philosophie, nämlich an Locke."

Reflexions-Ideen.

Die Locke'sche Zerlegung der einfachen Reflexions-Ideen ist nur eine empirische Aufzählung der Seelen-

Operationen und der Vorstellungen von denselben, von welchen eben Kant (II. S. 222) klagt, dass sie alle sensificirt, das heisst für nichts als empirische, abgesonderte Reflexions-Begriffe ausgegeben werden. Nach Kant ist die Quelle dieser Vorstellungen eine zweifache: Verstand und Sinnlichkeit, oder Spontaneität und Receptivität: Locke aber hat dafür nur eine Quelle: die Sinnlichkeit. Darin hat, wie ich schon früher besprochen habe, Kant nicht ganz Recht. Diese Ideen sind nicht aus der Sensation, sondern aus der Reflexion abgeleitet, die durch Vorstellung der Seelen-Operationen eine **neue** Art von Begriffen erzeugt.

Dieselbe Naivetät zeigt unser Empiriker in der Eintheilung der **zusammengesetzten** Ideen: der modi, substantiae und relationes. Diese Eintheilung hat eigentlich nur den praktischen Zweck, dass sie als Leitfaden für die folgende Untersuchung diene. Speciell für **modi** lässt sich weder ein bezeichnender deutscher Ausdruck finden,¹) noch eine rechte Abgrenzug gegen die anderen beiden zusammengesetzten Ideen.

Zusammengesetzte Ideen.

Locke gibt uns nur ein negatives Merkmal der modi an: „Es kommt ihnen keine selbstständige Existenz zu." Uebrigens gesteht Locke (21, 3) selbst, dass „Kraft", welche Idee er zu den modis rechnet, auch eine gewisse Beziehung auf ein Thun oder Leiden in sich begreift und daher gewissermassen auch zu den relationes gerechnet werden kann. Man könnte Letzteres so darstellen: „Kraft", ein modus, bezeichnet das mögliche Thun und Leiden, „Causalität", eine Relation, bezeichnet das wirkliche Thun und Leiden.

Ebenso sind alle Vorstellungen von Raum und Zeit einfache modi, und doch enthalten sie Verhältnisse und Beziehungen. Wir dürfen übrigens nicht übersehen, dass Locke (II. 13, 19) ausdrücklich erklärt, dass die Begriffe Substanzen und Accidenzen in der Philosophie eigentlich ganz nutzlos seien.

Aus den kritisirten metaphysischen Begriffen heben wir nur diejenigen hervor, die auch für das System Kant

---

¹) Wir finden für modi folgende deutsche Ausdrücke: innere Bestimmungen der Dinge (Reinhold), Erscheinungsarten (Knauer), Zufälligkeiten (Poley), Zustände (Kirchmann).

von Wichtigkeit sind. Es sind dies die Begriffe: Raum, Zeit, Causalität, Substanz, Freiheit, Glück. Wir wollen nun sehen, welche Beziehungen in der Auffassung dieser Begriffe zwischen den beiden Philosophen obwalten.

Raum
Der Raum ist nach Locke II. 13. 2) eine einfache Idee, die wir durch zwei Sinne erlangen: durch den Gesichts- und Tastsinn. Nach Kant (II, S. 31) ist der Raum eine apriorische Form der äusseren Anschauung.[1]) Der Hauptunterschied ist also, dass nach Locke der Raum als primäre Eigenschaft zum realen Theil des Erkennens gehört, während er nach Kant II. S. 37 die subjective Bedingung der Sinnlichkeit ist und daher vor aller Anschauung liegt. „Wir können" — fährt Kant fort — „demnach nur aus dem Standpunkte eines Menschen vom Raume reden. Gehen wir davon ab, so bedeutet die Vorstellung vom Raume gar nichts."

Schopenhauer erklärte dieses ebenso kurz als treffend: „Nicht der Kopf ist im Raume, sondern der Raum im Kopfe".

Locke hat den Raum empirisch aufgefunden. Was er an sich sei, vermag er nicht anzugeben (II. 15. 8); er ist eben für den Menschen gegeben. In dieser Hinsicht trifft er mit Kant trotz des verschiedenen Standpunktes zusammen.

Die apriorische Form des Raumes ist von Kant eben so gut empirisch aufgenommen; einen eigentlichen Beweis für diese Position Kant's suchen wir vergebens. Und dennoch basirt darauf die ganze Vernunftkritik! Man sieht daher, dass auch Kant nicht frei ist von „Naivetät".

Aehnlich ist bei Beiden auch die Annahme der apodiktischen Gewissheit der Geometrie; der Unterschied liegt nur in den Prämissen des gemeinschaftlichen Schlusssatzes. Kant macht den unerwiesenen Schluss: Die ersten Grundsätze der Mathematik sind apriorisch, d. h. nicht empirische Wahrnehmungen; ergo muss auch der Raum

---

[1]) Diese Auffassung hatte Kant erst in seiner „kritischen" Periode. Früher fasste Kant selbst den Raum auf als etwas ausser uns befindliches, und zwar anfänglich als das Product der wirksamen Körper und dann als deren Voraussetzung. In jener anfänglichen Auffassung, die er 1747 in den „Gedanken von der wahren Schätzung der lebendigen Kräfte" aussprach, stellte er sich ausdrücklich auf den Standpunkt des „Herrn von Leibnitz."

apriorisch sein. Locke aber schliesst so: Weil die mathematischen Vorstellungen sich selbst Originale sind (II. 30, 3 und 4; IV. 4, 5), so ist die mathematische Erkenntniss real, und es gibt davon eine demonstrative Gewissheit.

Da ferner nach Locke der Begriff Raum erst nach einer geschehenen Sinneswahrnehmung sich bilden kann, nach Kant aber die reine Anschauung Raum vor aller äusseren Anschauung liegt: so ist auch die Auffassung der Unendlichkeit verschieden. Nach Locke (II. 13. 4) wird der Begriff Unendlichkeit gebildet durch das Vermögen, den relativen Raumbegriff „Weite" S. 3 zu wiederholen, ohne eine Grenze zu setzen: der Begriff Unendlichkeit ist daher ein negativer. Nach Kant (II. S. 36) ist der Raum schon als eine unendliche Grösse gegeben vorgestellt. *Unendlichkeit.*

Locke beschränkt, wie Kirchmann Erläuterungen Nr. 140 bemerkt, den Begriff Unendlichkeit nur auf die extensiven Grössen, obwohl auch bei intensiven Grössen (z. B. beim Grade eines Lichtes oder Tones) eine Unendlichkeit ohne Bedenken angenommen werden könnte; daher ist die von Locke (II. 17. 6) aufgestellte Behauptung unrichtig, dass andere Vorstellungen der Unendlichkeit nicht fähig sind ausser denen des Raumes und der Dauer.

Locke nennt nach dem Sprachgebrauche des Mittelalters die Zeit „Dauer" (duration): wir wollen aber bei dem üblicheren Ausdrucke „Zeit" bleiben. *Zeit.*

Nach Locke entsteht der Begriff Zeit, wenn wir auf die Aufeinanderfolge unserer Vorstellungen reflectiren; er ist also ein Reflexions-Begriff.[1]

Auch von diesem Begriffe kann man nicht sagen, was er sei. Locke verweist dabei (II. 14. 2) auf den heiligen Augustinus, der sagte: „Si rogas, quid sit tempus, nescio; si non rogas, intelligo."

Dieser Begriff ist eben nur empirisch aufgenommen.

---

[1] Hiezu bemerkt Kirchmann (Erl. Nr. 108): „Diese Ableitung der Dauer (Zeit) aus der inneren Wahrnehmung des Gedankenlaufes ist unrichtig. Die Vorstellung der Zeit wird durch Wahrnehmung gewonnen; aber dazu ist jede Art von Wahrnehmungen geeignet, und selbst eine sich gleich bleibende Wahrnehmung enthält die Wahrnehmung des Zeitablaufes (z. B. eine stehende Uhr)."

Nach Kant (II. S. 42) ist die Zeit die apriorische Form des inneren Sinnes¹); sie ist daher rein subjectiv und liegt vor aller Wahrnehmung.

Dass die Zeit dieses sei, ist von Kant ebenso nur empirisch aufgenommen und eigentlich unbewiesen, wesshalb er von allen neueren Philosophen darin getadelt wird. Darin hat also Kant vor Locke nichts voraus. Aber auch darin sind beide Philosophen übereinstimmend, dass man die Zeit als etwas gegebenes nicht erklären könne, und dass ohne sie die Dinge (nach Kant die Erscheinungen, nach Locke die Dinge an sich) nicht denkbar wären. Denn wenn Kant (II. S. 43) sagt: „Alle äusseren Erscheinungen sind im Raume, und alle Erscheinungen überhaupt sind in der Zeit" — so lesen wir Locke (II. 15. 8): „Wann und wo sind Fragen, die alle endlichen Wesen angehen."

Ewigkeit. Der Begriff der Ewigkeit (eternity) entsteht wieder analog dem der Unendlichkeit und zwar durch das Vermögen (II. 14. 27), „die einzelnen Längen der Dauer, so oft es uns beliebt, zusammenzusetzen;" auch dieser Begriff ist daher ein negativer, da dieses Zusammensetzen ohne Grenze fortgesetzt werden soll.

Nach Kant (II. S. 41) ist die Zeit schon als Unendlichkeit gegeben. „Die Unendlichkeit der Zeit bedeutet nichts weiter, als dass alle bestimmte Grösse der Zeit nur durch Einschränkungen möglich sei."

Der Hauptunterschied liegt daher für beide Begriffe darin: Nach Locke sind es gebildete Begriffe, nach Kant vorliegende apriorische Formen.

Uebrigens begeht Kant eine Inconsequenz,²) indem er von der so sehr urgirten Auffassung von Zeit und Raum als blosser Formen wieder abgeht und sie zu-

---

¹) Kuno Fischer (S. 315) tadelt Kant, dass er mit der Unterscheidung des äusseren und inneren Sinnes Locke's sensation und reflection aufgenommen und daran den Unterschied von Raum und Zeit geknüpft habe. Fischer (ähnlich Kirchmann in seinen Erläuterungen) fügt ganz richtig bei, der Unterschied zwischen Raum und Zeit liege nur darin, dass der Raum nur die äusseren Erscheinungen, die Zeit dagegen alle Erscheinungen mache.

Ebenso tadelnd spricht hierüber Lange (S. 465).

Uebrigens bessert sich Kant selbst aus in der oben erwähnten Auffassung der Zeit. (II. S. 43)

²) welche Ueberweg (S. 171) ausdrücklich tadelt.

gleich als **Materie** für synthetische Erkenntnisse a priori gelten lässt. So sagt er II. S. 46): „Zeit und Raum sind demnach zwei Erkenntnissquellen, aus denen a priori verschiedene synthetische Erkenntnisse geschöpft werden." In einer folgenden Stelle (S. 47) scheint Kant wieder Locke vor Augen zu haben, wenn er sagt: Nehmen sie (d. h. diejenigen, welche die absolute Realität des Raumes und der Zeit behaupten) die zweite Partei (d. h. erklären sie diese als inhärirend), und Raum und Zeit gelten ihnen als von der Erfahrung abstrahirte, obzwar in der Absonderung verworren vorgestellte Verhältnisse der Erscheinungen, so müssen sie den mathematischen Lehren a priori in Ansehung wirklicher Dinge ihre Giltigkeit, wenigstens die apodiktische Gewissheit bestreiten."

Uebrigens wird Locke von diesem Vorwurfe eigentlich nicht berührt, da er gar nicht eine apriorische Möglichkeit von Erkenntnissen, also auch nicht der mathematischen zulässt: seine Gewissheit der Mathematik ist auch keine apodiktische, sondern eine demonstrative.

Nach **Locke** ist **Causalität** eine zusammengesetzte Idee und gehört zu den Relationen.

Causalität.

Wir schöpfen diesen Begriff aus der Wahrnehmung, dass Eigenschaften und Substanzen ihr Dasein von der Wirkung eines anderen Wesens empfangen (II. 26, 1), also aus der Erfahrung, aus den Dingen an sich. Ueber die Art, wie dieser Begriff in uns entstehen müsse, über die Rechtfertigung dieses blos empirischen Begriffes äussert er sich nicht: später (IV. 3, 28) erklärt er es geradezu für unmöglich, diesen Zusammenhang zu erklären, und setzt hinzu, diese Verbindung könne man nur aus dem freien Beschlusse jenes allweisen Wesens ableiten, das die einzelnen Vorstellungen geschaffen habe.

Bekanntlich hat auch **Hume** diese Relation geleugnet, da wir eben nichts als die Zeitfolge wahrnehmen, und da die Causalverknüpfung nicht begriffen, sondern nur **geglaubt** werde.

Nach **Kant** ist die Causalität wieder eine apriorische Form, und zwar des Denkens; sie gehört zu den Kategorien, durch welche allein Erfahrung der Form nach möglich ist. Sie bezieht sich also nur auf die Erscheinungen (phaenomena), nicht auf die Dinge an sich. Allerdings ist so der Causalität der Stempel der Nothwendigkeit aufgedrückt, was bei Locke und Hume nicht der Fall ist. Doch ist auch diese Kategorie gleich allen anderen nur empirisch aus der Tafel der logischen Urtheile aufgenommen und daher wieder nichts bewiesen.

Drobisch (S. 22) nennt mit Recht Kant's Kategorientafel eine empirische Classification der Urtheilsformen; und über diese Kategorie speciell meint er (S. 30): „Näher besehen erhebt sich Kant's Causalitäts-Begriff nicht einmal wesentlich über den Hume's."

Substanz. Der Begriff der Substanz, dem Locke das ganze 23. Capitel widmet, ist der Mittelpunkt der ganzen Kritik; darum kommt auch Locke immer wieder darauf zurück. Substanz ist (II. 12, 6; II. 23, 1) eine zusammengesetzte Idee, die aus mehreren einfachen Ideen, die man beständig beisammen findet, gebildet wird, indem man annimmt, dass jene einem einzigen Dinge angehören. Man pflegt nur aus Unachtsamkeit so davon zu reden, als wäre es ein einziger Begriff. Man hat davon ganz und gar keinen andern Begriff, als dass man einen unbekannten Träger jener einfachen Ideen voraussetzt. Wir haben also keinen klaren Begriff davon, und mit dem Substanz-Begriff ist uns eigentlich gar nicht genützt (II. 13, 19).

Kant stimmt darin überein. Bei ihm führt dieser Begriff die Bezeichnung „Ding an sich", von dem wir nichts wissen, obwohl wir dessen Dasein nicht leugnen können.

Für beide ist Substanz also ein Unbekanntes, ein X; doch nach Locke nur wegen der Unzulänglichkeit unserer Sinne, nach Kant aber, weil wir überhaupt nur „Erscheinungen" mit unserem Erkenntnissvermögen wahrnehmen können.

Zugleich mache ich aufmerksam, dass wir in der Erklärung Locke's von dem Substanz-Begriff bereits den Kantischen Unterschied des phänomenon und noumenon finden.

Die zusammengesetzte Vorstellung der einfachen Ideen („Das Ding mit mehreren Merkmalen" nach Herbart) ist das phänomenon, d. h. das, was uns erscheint; das Substrat aber, das wir voraussetzen, die reine Substanz, der unbekannte Träger ist das x Kant's, das noumenon.

Seele. Unter den Begriff Substanz fällt auch Seele und Gott. Wir haben nämlich nach Locke (II. 27, 2) nur von drei Arten der Substanzen Begriffe: von Gott, von endlichen Geistern, von Körpern.

Die einzelnen Merkmale, die wir zu dem Substanz-Begriffe Seele vereinigen, sind (II. 23. 15): Denken, Wollen, Verstehen, Wissen, Bewegen etc.

Aber diese geistige Substanz ist ebenso unerweislich wie alle anderen; es lässt sich über den vorausgesetzten Träger unserer Seelen-Operationen auch nichts sagen. Dass Kant in seinen Paralogismen zu demselben Resultate kommt, haben wir schon besprochen.[1]

Von dem höchsten Substanz-Begriffe Gott gilt natürlich dasselbe. Auch nach Kant ist das Dasein Gottes theoretisch nicht zu beweisen. Gott.

Nur ertappen wir hier Locke auf einer bedenklichen Inconsequenz. Während Locke hier sagt, dass wir keinen Begriff von Gott haben können, schreibt er uns später (IV. 10) solche Fähigkeiten zu, dass wir doch des Daseins Gottes gewiss sein können, d. h. das Dasein Gottes kann demonstrirt werden (Deismus).

Kant tadelt auch (II. S. 657) dieses inconsequente Vorgehen Locke's.

Kant selbst kommt zwar auch zu demselben Resultate: „Gott ist" — aber nicht inconsequenter Weise auf dem Gebiete der theoretischen Vernunft, sondern das Dasein Gottes erscheint erst als Postulat der praktischen Vernunft, wobei Kant ganz richtig erklärt (I. S. 286): „Es ist durchaus nöthig, dass man sich vom Dasein Gottes überzeuge; es ist aber nicht ebenso nöthig, dass man es demonstrire."

In der Kritik der Begriffe Freiheit und Glück zeigt Locke, dass sein Moralprincip die Glückseligkeit ist (Eudaimonismus), was seinem empirischen Standpunkte ganz entspricht. Freiheit, Glück.

Die Quelle der Freiheit liegt ihm darin, dass wir die Befriedigung der Begehren suspendiren können. Es ist dies also eine blos formale Freiheit, aus der sich weder für das theoretische noch für das praktische Gebiet eine Regel ableiten lässt. Der praktische Engländer sucht sich

---

[1] Nicht mit Unrecht spottet da Schiller in seinem Gedichte „Die Philosophen" über die Herren Philosophen:

„Von dem Ding weiss ich nichts und weiss auch nichts von der Seele. Beide erscheinen mir zwar; aber — sie sind doch kein Schein."

daher ein anderes Gebiet aus, auf dem er das allgemein und positiv Bestimmende findet: das Begehren der Lust und Unlust.

Kant steht da viel höher. Freiheit, Unsterblichkeit, Gott sind als Vernunft-Ideen nicht demonstrirbar und nutzlos; aber als Postulate der praktischen Vernunft drängen sie sich uns mit Nothwendigkeit auf.[1])

Sein oberstes Gut ist die der Vereinigung der Sittlichkeit mit der Glückseligkeit, was nur in Gott zu erreichen ist. Die Freiheit Kant's besteht darin, dass wir als Vernunftwesen (noumena) uns selbst als Sinneswesen (phaenomena) bestimmen können. Als Vernunftwesen ist uns aber angeboren das moralische Sittengesetz, das uns seine Befolgung als unabweisliche Pflicht auferlegt.[2])

Diese Pflicht ist ganz unabhängig von unserem sinnlichen Begehren. Darin liegt jener Rigorismus, den selbst ein Kantianer: der Schalk Schiller in seinen Xenien verspottete.[3])

Moral.

Auch bei Locke finden wir einmal (II. 28, 4—15) einen Anklang an den Kantischen Rigorismus: bei den Moralgesetzen, denen wir auch abgesehen von Lust und Unlust folgen müssen. Er unterscheidet, wie wir oben angeführt haben, drei Arten solcher Moralgesetze: das göttliche, bürgerliche und philosophische. Moralisch gut ist die Handlung, die mit diesen Gesetzen übereinstimmt; moralisch schlecht die nicht damit übereinstimmende.

---

[1]) Schiller preist sie in „die Worte des Glaubens".
  Drei Worte nenn' ich Euch, inhaltschwer,
    Sie gehen von Munde zu Munde;
  Doch stammen sie nicht von aussen her,
    Das Herz nur gibt davon Kunde.
  Dem Menschen ist aller Werth geraubt,
    Wenn er nicht mehr an die drei Worte glaubt.

[2]) Unter dem Bilde Kant's in unserer Ausgabe steht — mit zitternder Hand 1793 geschrieben — der berühmte Ausspruch unseres frommen Philosophen: „Religion ist die Erkenntniss aller Pflicht als göttlicher Gebote."

[3]) In dem Gedichte „Die Philosophen" heisst es zum Schlusse:
  „Gerne dien' ich den Freunden, doch thu' ich es leider mit Neigung,
    Und so wurmt es mir oft, dass ich nicht tugendhaft bin.
  Da ist kein anderer Rath, Du musst suchen, sie zu verachten,
    Und mit Abscheu alsdann thun, wie die Pflicht Dir gebeut."

Danach ist Moralität eine Beziehung, Relation. Die Dreizahl der moralischen Gesetze, zu denen unser Handeln in Beziehung treten soll, ist, wie man beim ersten Blicke sieht, empirisch vorgefunden, und das Verhältniss des Menschen zu denselben ist ein blos äusserliches.

Da ferner der Verstand oder die Vernunft immer das letzte Urtheil darüber abzugeben hat, so ist es begreiflich, dass Locke die Moral als demonstrirbar erklärt.

Bei Kant ist eine Eintheilung von Gesetzen gegenstandslos; sein **kategorischer Imperativ** steht so hoch, dass er alle besonderen Gesetze in sich fasst. Auch hat Kant's Moral eine feste, positive Basis, was bei Locke trotz seiner Moralgesetze nicht der Fall ist. Bei Locke ist eben das Moralische nichts weiteres als eine Beziehungsform, also eine blosse Denkform und kein Seiendes; bei Kant ist das Moralische etwas Seiendes, das sich einem jeden Menschen durch den kategorischen Imperativ ankündigt.

In der **Realität** der Ideen finden wir bei Locke einen Gedanken, den später Kant mehr ausgebildet oder eigentlich generalisirt hat. Einfache Vorstellungen — sagt Locke (II. 30, 2) — sind immer reell; zusammengesetzte Vorstellungen aber sind nicht immer reell, sondern nur dann, wenn sie in sich widerspruchslos sind. Letztere haben nämlich als willkürliche Verbindungen nicht in den Dingen selbst ihr Original, mit dem sie übereinstimmen müssten, sondern sie sind sich selbst Original.

Realität.

Letzteres hat allgemeiner auch Kant (II. S. 670) ausgesprochen: „Nicht immer richten sich unsere Vorstellungen nach den Dingen, sondern oft die Dinge nach den Vorstellungen."

Die persönliche **Identität** (c. 27) liegt nach Locke in dem Selbstbewusstsein. Damit hat Locke zum erstenmale den Versuch gemacht, diese bedeutsame und wichtige Unterscheidung zu machen. Das Ich (self) ist von der Seele zu scheiden. Das Ich ist eine Thatsache, die aus dem Selbstbewusstsein hervorgeht, die Seele aber ist etwas Hinzugedachtes (wie bei Cartesius).

Identität.

Bei Kant finden wir genau dasselbe. Er nennt dieses unwandelbare Selbstbewusstsein die transscendentale Apperception.

Die Unterscheidung, die Kant zwischen dieser und der empirischen (wandelbaren) Apperception macht, ist allerdings nicht stichhältig, da hier einem blossen Reflexions-Unterschiede Realität beigelegt wird. Dieses „Vorurtheil" Kant's hat Jakob Fries in seiner neuen Kritik der Vernunft nachgewiesen. Man vergleiche dazu Drobisch S. 23.

5.
Das dritte Buch des essay.

Das dritte Buch führt den Titel: „Ueber die Worte" (of words or language) und handelt in eilf Capiteln über die Sprache. Bezeichnend ist da die Erklärung Locke's (III. 9. 21): „Ich gestehe, dass ich bei dem Beginn dieses Werkes über den Verstand und selbst noch lange Zeit darnach nicht daran dachte, dass auch eine Untersuchung der Worte dazu gehöre. Allein nachdem ich den Ursprung und die Bildung unserer Vorstellungen durchgegangen hatte und die Ausdehnung und Gewissheit unseres Wissens zu prüfen begann, fand ich eine so enge Verbindung desselben mit den Worten, dass früher ihr Einfluss und die Weise ihrer Bezeichnung untersucht werden musste, ehe ich mich klar und angemessen über das Wissen aussprechen konnte, das immer mit Sätzen es zu thun hat, wenn es die Wahrheit bieten soll."

Die wichtigsten Gedanken dieses Buches sind in Kürze:

1. Capitel. Articulirte Laute sind Wörter (words).[1] aber noch keine Sprache (language). Der Mensch als geselliges Wesen (sociable creature) hat von Gott nicht nur die Fähigkeit bekommen, articulirte Wörter zu bilden, sondern auch die Gabe der Sprache, das heisst der Worte.

§. 3. Um sprechen zu können, bedarf der Mensch nicht blos der entsprechenden Organe, sondern auch der Fähigkeit, die Laute zu Zeichen seiner Vorstellungen, selbst der

§. 4. allgemeinen zu machen, ja sogar für den Mangel einer

---

[1] Wenn nach dem Ausspruche Locke's auch Papageien solche words bilden können, so ist es nach meiner Ansicht verfehlt, wenn Kirchmann auch an dieser Stelle „words" mit „Worte" und nicht mit „Wörter" übersetzt. Als Ueberschrift für das ganze Buch entspricht allerdings besser der Ausdruck „Worte".

Vorstellung (z. B. das lateinische nihil, das englische ignorance und barrenness).

Ursprünglich sind die Wörter nur Bezeichnungen von sinnlichen Vorstellungen. Die Menschen selbst sind die Erfinder der Sprache. *§. 5.*

Eigentlich ist mein Wort nur das Zeichen meiner eigenen Vorstellung. Man nimmt zwar (und besonders mit Recht bei einer gemeinschaftlichen Sprache) an, dass ein Zweiter mit demselben Worte dieselbe Vorstellung verbindet wie ich; aber das trifft nicht immer zu. *Capitel.*

Die Voraussetzung, dass Wörter das Wesen der Dinge bezeichnen, ist ein Irrthum; im Gegentheile ihre Bedeutung ist ganz willkürlich. *§. 5.*

Die meisten Wörter sind allgemeine Ausdrücke (general terms), das heisst Gattungsnamen, nomina adpellativa. Solche allgemeine Wörter sind Producte des Verstandes und sind nothwendig, da man nicht für jedes Ding einen Namen haben kann. *3. Capitel.*

Das reelle Wesen ist vom nominellen Wesen zu trennen, welche Behauptung gegen den Unfug der Schulphilosophie gerichtet ist, nur mit Begriffen zu operiren, als ob diese das Wesen wären.[1] *§. 15.*

Bei den einfachen Vorstellungen fällt das reelle und nominelle Wesen zusammen, weil die Wörter für einfache Vorstellungen undefinirbar sind (z. B. das Wort „Licht"). *4. Capitel.*

Dasselbe gilt von den gemischten modis und den relationes, da sie willkürlich nach keinem Vorbilde gebildet sind; ein Beweis dafür sind die unübersetzbaren Wörter verschiedener Sprachen (z. B. das lateinische versura, das hebräische corban). *5. Capitel.*

Bei den gemischten modis ist der Name nur eine Art von Rahmen, der die willkürliche Verbindung zusammenhält.

Am allerwenigsten glaube man Substanzen durch allgemeine Wörter zu erkennen. Das reelle Wesen derselben kennen wir nicht. *6. Capitel.*

Das siebente Capitel handelt von den Neben-Redetheilen (particles). Diese verbinden blos einzelne Redetheile oder Gedanken und zeigen, welche Beziehungen die Seele ihren eigenen Gedanken gibt. Für das Verständniss der-

---

[1] Locke ist dadurch dem mittelalterlichen Nominalismus verfallen, was Kirchmann in seinen Erläuterungen oft tadelt.

selben genügt es nicht, wenn man — wie es in Wörterbüchern oft geschieht — sie durch Wörter einer anderen Sprache wiedergibt, die ihrem Sinne möglichst nahe kommen. Als Beispiel dafür wählt Locke das englische Wort „but", welches noch immer nicht erklärt ist, wenn man sagt, es heisse (im Deutschen „aber"), im Lateinischen „sed", im Französischen „mais".

8. Capitel. Das achte Capitel handelt ganz oberflächlich von den abstracten und concreten Wörtern.

9. Capitel. Das neunte Capitel handelt von der Unvollkommenheit der Worte (imperfection of words). Dabei unterscheidet Locke die gesellige und die philosophische Mittheilung. Die Ursachen dieser Unvollkommenheit werden im Einzelnen durchgeführt. Am zweideutigsten sind die Wörter für gemischte Zustände und Substanzen.

10. Capitel. Das zehnte Capitel handelt vom Missbrauche der Worte (abuse of words). Hieher gehören die freiwilligen Fehler, deren man sich bei der Mittheilung schuldig macht. Merkwürdig ist, dass selbst der Logik von Locke vorgeworfen wird, sie habe viel zu Missbräuchen beigetragen. Auf dem Missbrauche der Worte beruht auch die Kunst, das letzte Wort zu behalten, die man mit dem lobenden Namen „Scharfsinn" (subtilty) belegt. Eigentlich wären die Zwecke der Sprache: 1. die Vorstellungen mitzutheilen; 2. dieselben schnell und leicht mitzutheilen; 3. die Kenntniss der Dinge zu verbreiten. Die Worte der Menschen verstossen aber oft gegen alle diese Punkte.

11. Capitel. Im letzten Capitel gibt Locke „vorläufig" folgende Mittel an, um den erwähnten Unvollkommenheiten und dem Missbrauche der Sprache abzuhelfen:

§. 8 und 2. Man gebrauche kein Wort ohne bestimmte Vorstellung. Die einfache Vorstellung sei dabei klar und deutlich, die zusammengesetzte bestimmt. Man gebrauche richtige Worte für bestimmte Vorstellungen. Ist das Wort kein gebräuchliches, so erkläre man dasselbe (durch Aufzeigen, durch Definition, durch Beweise). Trotz alledem ist man leider oft genöthigt, dasselbe Wort in verschiedenem Sinne zu gebrauchen.[1]

---

[1] Ein passendes Beispiel dafür wäre sogar im Werke unseres Philosophen zu finden; es ist das Wort „Idee". Locke gebraucht das Wort idea für „Vorstellung", aber auch für „seiende Bestimmung der Dinge selbst."

Dieses Buch ist für sich eine kostbare Perle, nach unserem verwöhnten Geschmacke zwar schon eine Antiquität, aber gerade desshalb für die Geschichte der Sprachphilosophie von grösserem Werthe.

Sprachphilosophie.

Locke hat natürlich sein Thema nicht erschöpft und manche Sätze ausgesprochen, die durch neuere Forschungen und Arbeiten widerlegt sind; aber er war der Erste, der die Nothwendigkeit einer philosophischen Untersuchung der Sprache einsah; der Erste, der zusammenhängend darüber handelte.

Diese wichtige Unterscheidung des rein logischen und des psychologisch-historischen Elementes der Sprache enthält in allgemeinen Zügen die wesentlichsten Grundgedanken einer Sprachphilosophie, die uns als eigentliche Wissenschaft noch immer fehlt.[1] Als Curiosum verdient eine Erwähnung, dass in Deutschland seither viel über den in diesem Buche behandelten Stoff geschrieben wurde, ohne dass man es der Mühe werth fand, den ersten Sprachphilosophen zu erwähnen.

Diese Untersuchungen Locke's zeigen, wie ernst es ihm mit seiner Aufgabe war, da er selbst das, was den Philosophen vorher geringfügig erschien: die Sprache — zum Gegenstande genauer Untersuchung machte, um sie für die Philosophie brauchbar zu machen.

Kant handelte nirgends ausführlich über die Sprache. Hierüber bemerkt Rosenkranz (XII. S. 19): „Weil Locke ganz empirisch-psychologisch verfuhr, musste er auf seinem Wege die Entstehung der Sprache berühren, gegen welche Cartesius und Spinoza, nicht aber Leibnitz gleichgiltig gewesen waren. Kant hat sich nur gelegentlich über den Begriff und die Genesis der Sprache geäussert."

---

[1] Dr. Conrad Hermann schrieb 1858 eine „philosophische Grammatik"; aber der Inhalt entspricht nicht sehr den Erwartungen, die der Titel erregt. Vor Allem vermisst man die historische Darstellung der vorhergegangenen sprachphilosophischen Versuche. Der Verfasser kommt gleich auf Kant zu reden, der gerade mit der Sprachphilosophie sich wenig zu schaffen gemacht hat. Die hier vorliegenden, schwer zu umgehenden Untersuchungen Locke's sind mit keiner Sylbe erwähnt.

Ein anderes Werk über eigentliche Sprachphilosophie ist mir nicht bekannt. Die vielen anerkennungswerthen Werke über den Ursprung und die Entstehung der Sprache liefern nur den nöthigen historischen Stoff dazu.

An Kant darf uns dieses übrigens nicht wundern. Er, ein Mitschüler des berühmten Latinisten David Ruhnken, betrieb zwar anfänglich unter der Leitung Heydenreich's hauptsächlich Philologie, und er wäre gewiss der Mann dazu gewesen, über dieses Capitel sich auch hören zu lassen; aber seitdem er in Königsberg den Professor Martin Knutzen gehört hatte, war seine ganze Beschäftigung auf Mathematik und Philosophie gerichtet, die ihm von nun an keine Zeit mehr für sprachliche Untersuchungen finden liess.

Ursprung der Sprache. Wir begegnen hier der berühmten Streitfrage, ob die Menschen, nachdem ihnen alle nöthigen Geistesgaben zur Sprachfähigkeit verliehen worden sind, aus sich selbst zur Sprache gekommen sind, oder ob dazu noch besondere Anregungen von Seite Gottes nöthig waren.[1] Die Ansicht, dass die Sprache aus dem menschlichen Geiste allein entstanden sein könne und entstanden ist, ist

---

[1] Mittelbar ist natürlich der Schöpfer des Menschen auch der Urheber der Sprache; ob er es aber auch unmittelbar sein musste, das ist die Frage. Die Bibel gibt hierüber keinen Aufschluss, da sie nur constatirt, dass der erste Mensch bei der Benennung der Thiere und der Erschaffung der Eva bereits gesprochen habe. Genesis 2, 20: Appellavitque Adam nominibus suis cuncta animalia. Und gleich darauf (c. 23) nach der Erschaffung der Eva heisst es: Dixitque Adam... Auch Plato spricht schon über diese Frage im Kratylos 36: τὰ πρῶτα ὀνόματα οἱ θεοὶ ἔθεσαν 43: μεῖζον τινὰ δύναμιν εἶναι ἢ ἀνθρωπείαν τὴν θεμένην τὰ πρῶτα ὀνόματα. Darin wird also die Behauptung aufgestellt, dass die ersten Benennungen von den Göttern herrühren; doch wird diese Behauptung von Sokrates durch den angeblichen Widerspruch der ersten Benennungen schnell widerlegt.

Nach Locke beschäftigte sich mit dieser Frage Herder, der in seiner Preisschrift über den Ursprung der Sprache 1770 den menschlichen Ursprung derselben nachwies, aber später in seinen „Ideen zur Geschichte der Menschheit" 1784 bis 1791 sich für den göttlichen Ursprung ausspricht. Eine Recension über den ersten Theil des letztgenannten Werkes lieferte Kant 1785 für die allg. Literaturzeitung. Ferner beschäftigten sich unter Andern mit dieser Frage Dietrich Tiedemann (Versuch einer Erklärung des Ursprungs der Sprache 1772), Humboldt, der den berühmten Satz aufstellte: cogito, ergo loquor, Lazarus Geiger (Ursprung und Entwicklung der menschlichen Sprache und Vernunft 1868), Gustav Jäger (Ueber den Ursprung der menschlichen Sprache 1867), Darwin (Die Abstammung des Menschen) und in diesem Jahre Dr. H. Steinthal (Der Ursprung der Sprache, 3. Ausgabe, Berlin 1877). In allen diesen Werken ist die Nothwendigkeit einer speciellen Anregung Gottes zur Erfindung der Sprache geleugnet, wie wir es schon bei Locke finden; aber in keinem derselben ist meines Wissens Locke irgendwie erwähnt.

ziemlich allgemein. Man hat viel pro und contra geschrieben; doch ist man seit Humboldt in richtiger Erkenntniss, dass eine überzeugende Lösung dieser Frage nicht möglich ist, dieser heiklen Frage ganz aus dem Wege gegangen, und alle einschlägigen Untersuchungen der neuesten Zeit beschäftigen sich mehr mit der Entwicklung als mit dem eigentlichen Ursprung der Sprache.

Locke entscheidet sich, wie wir gesehen haben, für den menschlichen Ursprung der Sprache — er, der sogar bei den Vorstellungen der menschlichen Seele die Intervention Gottes nicht entrathen konnte.

Auch von Kant ist zufällig eine Aeusserung über unsere specielle Frage erhalten, worin er die Sprache gleichfalls als eine selbst erworbene Geschicklichkeit des Menschen erklärt. Veranlasst durch Herder's „Ideen zur Geschichte der Menschheit" veröffentlichte nämlich Kant 1786 in der Berliner Monatsschrift einen Aufsatz: „Ueber den muthmaasslichen Anfang der Menschengeschichte", worin sich folgende Stelle (VII. A. S. 367) findet: „Der erste Mensch konnte also stehen und gehen; er konnte sprechen, ja reden, d. h. nach zusammenhängenden Begriffen sprechen, mithin denken. Lauter Geschicklichkeiten, die er alle selbst erwerben musste; denn wären sie anerschaffen, so würden sie auch anerben, welches aber der Erfahrung widerstreitet."

Dass dabei logisch noch ein dritter Fall denkbar sei, nämlich die Erwerbung von einem andern denkenden Wesen, das heisst von Gott, — das hat Kant gewiss nicht übersehen, sondern er hat diesen Fall von vornherein ausgeschlossen.

Mit besonderer Wärme erhebt Locke Protest dagegen, dass Begriff und Ding verwechselt werde, wie das im Mittelalter von den Vertretern des Realismus geschah, welche behaupteten, dass allgemeine Begriffe oder Gattungsnamen universalia) auch objective Wirklichkeit (Realität) besitzen. Dieser Satz wurde nämlich von den Realisten aufgestellt als Gegensatz des einseitigen Nominalismus, nach welchem Begriffe (universalia) als blosse Namen ohne alle objective Wirklichkeit erklärt wurden; es gebe — so behaupteten die Nominalisten — keine Gattungen und keine Arten, sondern nur einzelne für sich bestehende Individuen.

Nominalismus.

Locke steht daher thatsächlich auf dem Standpunkte des Nominalismus, wenn er auch nicht alle Consequenzen desselben theilt, wie sie im Mittelalter von Roscellinus, dem Vater des Nominalismus, aufgestellt wurden.

Bei Kant, dem grossen Erfinder des "transscendentalen Idealismus", fällt der Gegensatz zwischen Realismus und Nominalismus von selbst weg; nach seiner Auffassung können wir gar kein Ding an sich (sei es ein einzelnes, sei es eine Gattung) erkennen, und die Dinge selbst sind und bleiben für uns ein Unbekanntes.

6.

Das vierte Buch des essay.

Das vierte Buch enthält das Resultat der früheren Untersuchungen: Umfang und Grade des menschlichen Wissens. Im Ganzen fällt dieses Buch gegen die früheren bedeutend ab. Der Verfasser wird oft im Ausdrucke unklar und schwerfällig, in seinen Gedanken verworren.

1. Capitel. Wissen ist die Wahrnehmung der Uebereinstimmung oder der Nichtübereinstimmung zweier Vorstellungen.[1]

Diese Uebereinstimmung ist vierfach: 1. Identität und Verschiedenheit (identity or diversity). 2. Beziehung (relation). 3. Zusammensein (coexistence). 4. Wirkliches Sein (real existence).

§. 4. Die Identität oder Verschiedenheit von Vorstellungen zu constatiren, ist die allererste That der Seele, und zwar geschieht das ohne Mühe und Beweisführung.

Die oft angeführten Grundsätze der Identität: „Was ist, das ist" und „Dasselbe Ding kann nicht sein und nicht sein" machen die Auffindung der Identität nicht klarer, da diese immer an einem einzelnen Falle geschieht.

§. 5. Da nicht alle Vorstellungen identisch oder verschieden sein können, so ist die zweite Art der Uebereinstimmung

---

[1] Der englische Ausdruck knowledge wird von Poley mit „Erkenntniss" übersetzt, während Kirchmann den subjectiven Begriff „Wissen" wählt. Diese Definition des Wissens wird natürlich vielfach angekämpft. Schon Leibnitz (nouv. ess.) tadelte sie mit den Worten: „Das Wissen hat auch eine allgemeinere Bedeutung und findet sich schon in den Ideen und Ausdrücken, ehe sie noch zu Sätzen verbunden sind."

oder Nichtübereinstimmung zweier Vorstellungen die Beziehung derselben auf einander.

Die dritte Art, die Coexistenz, betrifft besonders die Substanzen. Im Begriffe „Gold" ist unser Wissen nur das, dass die Merkmale: Unversehrtheit im Feuer, gelbe Farbe, Schwere, Schmelzbarkeit, Biegsamkeit, Auflöslichkeit im Scheidewasser nothwendig vereinigt sind.

Die vierte Art ist die des wirklichen Daseins entsprechend unserer Vorstellung.

Die beiden ersten Arten halten sich innerhalb des Vorstellungskreises selbst, die beiden anderen beziehen sich auf das Verhältniss der Vorstellungen zu den vorgestellten Dingen. Darunter könnte man auch Identität und Coexistenz als Beziehungen zusammenfassen; aber sie sind als eigene Arten betrachtet worden, weil sie verschiedene Gründe der Bejahung oder Verneinung enthalten.

Die Grade unseres Wissens (degrees of knowledge) sind zweifach: 1. anschaulich (intuitive), 2. beweisbar (demonstrative).

Das intuitive Wissen ist die unmittelbare Wahrnehmung der Uebereinstimmung oder Nichtübereinstimmung zweier Vorstellungen ohne Vermittlung einer dritten; sie bietet den höchsten Grad der Gewissheit.

Das demonstrative Wissen ist die mittelbare Wahrnehmung der Uebereinstimmung oder Nichtübereinstimmung zweier Vorstellungen durch Vermittlung einer oder mehrerer anderer Vorstellungen.

Dieses Wissen bedarf daher des Beweises und schliesst den Zweifel nicht aus.

Die mathematischen Wissenschaften sind nicht allein der demonstrativen Gewissheit fähig, sondern alle, wo Beweise durch Zwischenvorstellungen möglich sind. Von der Mathematik hat man das geglaubt vorzüglich wegen der Empfindlichkeit des Zahlbegriffes.

Was nicht intuitiv oder demonstrativ gewiss ist, ist nur Meinung (opinion). Eigentlich ist das sinnliche Wissen (sensitive knowledge), das heisst die Wahrnehmung einzelner äusserer Dinge auch nur Meinung; doch da sie über die blosse Wahrscheinlichkeit hinausgeht, heisst man sie auch Wissen. Wir haben sogar einen zweifellosen Beweis dafür. Es ist ja ein Unterschied, ob ich die Sonne bei Tage wirklich sehe, oder ob ich sie mir bei Nacht vorstelle.

11. Capitel. Ausführlicher handelt davon Locke im 11. Capitel dieses Buches, wo er noch folgende Behauptungen aufstellt: Die sensitive Gewissheit ist so gross, wie unser Zustand es verlangt. Sie reicht über die wirkliche Wahrnehmung nicht hinaus. Man kann nicht für jede Sache einen Beweis verlangen. Das Dasein des Geistes ist aber nicht zu erkennen.

Man vergleiche dazu die Ausführungen Locke's im §. 21 des 3. Capitels unseres Buches.

3. Capitel. Das 3. Capitel handelt von dem **Umfange des menschlichen Wissens** (extent of human knowledge).

Unser Wissen erstreckt sich nicht weiter als unsere Vorstellungen, und als wir die Uebereinstimmung oder Nichtübereinstimmung derselben wahrnehmen; ja es ist sogar beschränkter als unsere Vorstellungen.

§ Es könnte das menschliche Wissen unter den gegenwärtigen Verhältnissen unseres Daseins bedeutend vermehrt werden, aber doch nie so weit, als wir es wünschten. Gewisse Fragen (z. B. ob ein materielles Wesen denken könne) werden immer unbeantwortet bleiben.

§. 8. In Bezug auf die **Identität** und **Verschiedenheit** ist der Umfang unseres Wissens gerade so gross als der unserer Vorstellungen.

§. 9. Das Wissen von der **Coexistenz** der Merkmale in der Substanz ist sehr beschränkt. Es ist uns nämlich die Verknüpfung der Merkmale unbekannt. Das Wissen von den Körpern ist gering, noch geringer das von den Geistern. Eine Ausnahme macht nur, wie Locke im 10. Capitel weiter ausführt, der Begriff Gottes, für dessen Dasein es einen demonstrativen Beweis gibt.

§. 18. Am ausgedehntesten ist das Feld unseres Wissens in der **Beziehung** unserer Vorstellungen. Hier lässt sich der Umfang gar nicht bestimmen, da dieses Wissen ein demonstratives ist. Nicht nur die Mathematik, sondern auch die Moral ist einer Demonstration fähig.

§. 21. In Bezug auf das **wirkliche Dasein** gibt es ein dreifaches Wissen: ein intuitives von unserem eigenen Dasein, ein demonstratives von Gottes Dasein, ein sensitives (vgl. 2. Capitel. §. 14) vom Dasein anderer Dinge.

Unser Nichtwissen ist daher grösser als unser Wissen; §. 22. daher „solle man sein Denken auf die Dinge beschränken, die in dem Bereich unseres Wissens liegen und sich nicht in jenen dunklen Abgrund stürzen, wo man keine Augen hat, zu sehen und kein Vermögen, etwas zu begreifen."

Der Grund unseres Nichtwissens ist ein dreifacher: 1. Weil es uns oft an Vorstellungen fehlt, besonders in Betreff der Geister; 2. weil wir deren Verknüpfung nicht entdecken können (so z. B. ist es uns unmöglich, den Zusammenhang der äusseren Veränderungen der Körper und unserer Vorstellungen darüber nachzuweisen); 3. weil wir oft selbst die Vorstellungen, die wir haben, in uns nicht auffinden.

Unser allgemeines Vorstellen (das Denken) wird zum Wissen, wenn wir uns bei der Entscheidung über die Verhältnisse der allgemeinen Vorstellungen nach dem Inhalte derselben richten. Die Wahrheit des Denkens ist gebunden an das Wesen, d. h. an den Inhalt der Vorstellungen, und diese Wahrheiten sind ewig.

Das 4. Capitel handelt von der Wirklichkeit des 4. Capitel. Wissens (reality of human knowledge). Da das Wissen in der Uebereinstimmung oder Nichtübereinstimmung unserer Vorstellungen besteht, so könnte es auch blosser Schein sein; aber das ist nicht der Fall, wenn die Vorstellungen mit den Dingen übereinstimmen. Diese Uebereinstimmung unserer Vorstellungen mit den vorgestellten Dingen heisst Wirklichkeit oder Realität.

Die Seele kennt die Dinge nicht unmittelbar, sondern §. 3. nur durch die Vorstellungen. Man braucht daher ein Kennzeichen dafür, ob unsere Vorstellungen mit den Dingen übereinstimmen oder nicht. Dabei ist nun folgender Unterschied zu machen.

Die einfachen Vorstellungen stimmen mit den §. 4. Dingen wenigstens so weit überein, als unsere Lage es verlangt; denn diese bildet die Seele sich nicht selbst, sondern sie werden durch die Einwirkung der Dinge erzeugt.

Die zusammengesetzten Vorstellungen, mit Aus- §. 5. nahme der Substanzen, sind auch reell, da sie keine Abbilder der Dinge, sondern selbst Urbilder (Originale) sind.

Hierauf gründet sich die Realität des mathematischen §. 6. und moralischen Wissens. Dass die drei Winkel eines Dreiecks 180° ausmachen, ist ein reelles Wissen, ob es ein Dreieck gibt oder nicht.

§. 17. Die Vorstellungen der Substanzen haben ihr Original ausser uns; daher ist das Wissen derselben nur dann reell, wenn die Substanzbegriffe mit den Dingen übereinstimmen.

§. 18. Als Resultat ergibt sich also: Unser Wissen ist sicher, wenn wir die Uebereinstimmung oder Nichtübereinstimmung unserer Vorstellungen erkennen. Unser Wissen ist sicher und wirklich (reell), wenn unsere Vorstellungen mit den Dingen übereinstimmen.

5. Capitel. Das fünfte Capitel handelt von der Wahrheit (truth). Die Wahrheit betrifft nicht einzelne Begriffe, sondern nur Sätze und besteht darin, dass diese Sätze eine Verknüpfung oder Trennung der Zeichen enthalten, je nachdem die bezeichneten Dinge selbst übereinstimmen oder nicht.

Die Zeichen für die Dinge sind entweder Vorstellungen oder Worte; daher gibt es Gedankenwahrheit und
8. Capitel. Wortwahrheit. Eine Wortwahrheit kann auch so beschaffen sein, dass sie unser Wissen nicht vermehrt. Zu diesen nutzlosen Sätzen gehören alle identischen Sätzen, die auch der Dümmste bilden kann, allgemeine Sätze über Substanzen und alle Sätze, in denen der Inhalt des Prädicatsbegriffes über den des Subjectsbegriffes nicht hinausgeht, z. B. Gold ist ein Metall.

6. Capitel. Im sechsten Capitel behandelt Locke die Frage: Wie kann man die Wahrheit allgemeiner Sätze (universal propositions) wissen? Solche Sätze sind wahr, wenn man Umfang und Inhalt der darin vorkommenden Begriffe kennt. Das ist der Fall bei den einfachen Vorstellungen und den modis, nicht aber bei den Substanzen, über die wir nur wenige allgemeine Sätze mit Gewissheit aufstellen können.

7. Capitel. Im siebenten Capitel spricht Locke über die Grundsätze (maxims and axioms). Darunter versteht man solche Sätze, die allgemein und in sich selbst gewiss sind. Hieher gehören alle Identitätssätze, viele Sätze über die Beziehung der Vorstellungen und nur wenige Sätze über Coexistenz. Ueber wirkliches Dasein gibt es gar keinen
§. 8. Grundsatz. Diese Grundsätze haben wenig Einfluss auf

unser Wissen, weil sie weder der Zeit noch dem Inhalte nach zuerst erkannt werden.

Ihr Nutzen ist ein rein formeller. Dagegen werden sie oft missbraucht, um Widersprechendes zu erweisen. [§ 12.]

Das neunte Capitel enthält keinen neuen Gedanken; es wiederholt nur, dass es über wirkliches Dasein keine Grundsätze gibt (7. 7), und dass es davon ein dreifaches Wissen gibt (3, 21). [9. Capitel.]

Das Wissen vom Dasein Gottes ist demonstrativ. Der Beweis dafür ist folgender: Wir selbst existiren, das ist intuitiv gewiss. Ebenso haben wir davon eine intuitive Gewissheit, dass ein Nichts uns nicht hervorbringen konnte. Daraus folgt, dass ein Etwas von Ewigkeit her bestanden hat. Dieses von Ewigkeit her Seiende ist aber Gott. [10. Capitel.]

Der Beweis von dem Begriffe des allervollkommensten Wesens, welcher Begriff nach Cartesius angeboren ist, genügt nicht.

Ueber den Inhalt des eilften Capitels haben wir schon früher gesprochen. [11. Capitel.]

Das zwölfte Capitel spricht über die **Vermehrung unseres Wissens** (improvement of our knowledge). [12. Capitel.]

Unser Wissen vermehrt sich nicht durch Grundsätze, wie „die Gelehrten" oft angenommen haben, sondern nur durch Vergleichung klarer, deutlicher und richtig benannter Vorstellungen. Wie man dabei vorzugehen habe, um das Wissen zu vermehren, muss man von den Mathematikern lernen.

Nach dem höchst überflüssigen dreizehnten Capitel spricht Locke von der **Meinung** (judgement), das heisst dem Fürwahrhalten aus nicht zwingenden Gründen. Dieses bietet uns, da unser Wissen sehr gering ist, einen Ersatz für den Mangel des Wissens. [13. Capitel.]

Hierauf ist die Rede von der **Wahrscheinlichkeit** (probability), die sehr viele Grade hat. Locke versteht darunter den Schein der Uebereinstimmung oder Nichtübereinstimmung der Vorstellungen aus trügerischen Gründen (upon fallible proofs). [15. Capitel.]

Die Gründe der Wahrscheinlichkeit sind entweder die Uebereinstimmung mit der eigenen Erfahrung oder das Zeugniss von der Erfahrung Anderer.

Nach den Gründen der Wahrscheinlichkeit soll sich auch unsere Zustimmung (assent) richten. Es gibt daher auch viele Grade der Zustimmung. Erreicht die Zustimmung einen sehr hohen Grad, so kommt sie dem Wissen nahe.

Den höchsten Grad der Zustimmung und daher die höchste über allen Zweifel erhobene Gewissheit hat das Zeugniss Gottes oder die göttliche Offenbarung. Unsere Zustimmung zu derselben heisst Glaube.

Das siebzehnte Capitel spricht von der Vernunft (reason). Vernunft ist im Englischen vieldeutig. Locke versteht aber hier darunter „das Vermögen, wodurch der Mensch sich angeblich vom Thiere unterscheidet." [1])

Sie hat zwei Functionen: den Scharfsinn (sagacity) (das heisst das Auffinden der Mittelbegriffe) und das Schliessen (illation or inference), (das heisst, die Anordnung der Mittelbegriffe). Es zeigen sich bei ihr vier Grade: 1. Auffindung der Mittelbegriffe; 2. passende Anordnung derselben; 3. Erfassung des Zusammenhanges; 4. Ableitung des richtigen Schlusssatzes. Doch ist der Syllogismus als blosse Form für die Gewissheit und Erweiterung unseres Wissens von keinem Nutzen; denn gerade die Auffindung und Anordnung der Mittelbegriffe, die aber von deren Inhalt abhängt, ist das schwierigste.

Die Vernunft lässt uns oft im Stiche, und der höchste Grad des Wissens ist und bleibt das intuitive Wissen.

Gemäss der Vernunft (according to reason) sind solche Sätze, deren Wahrheit wir auffinden können durch Untersuchung und Ableitung der empirisch gegebenen Begriffe, z. B. das Dasein eines Gottes.

Wider die Vernunft (contrary to reason) sind solche Sätze, die klaren Begriffen widersprechen, z. B. das Dasein mehrerer Götter.

Ueber der Vernunft (above reason) sind solche Sätze, die von der Vernunft aus der Sinnlichkeit und Reflexion nicht abgeleitet werden können, z. B. die Auferstehung der Todten.

---

[1]) that faculty whereby man is supposed to be distinguished from beasts.
Kirchmann bemerkt hierzu (Erl. 431): „Dies ist eine Definition, die nur eine Beziehung ohne Inhalt ergibt. Man weiss damit nur, dass die Vernunft etwas ist, was bei den Thieren nicht ist; aber man erfährt nicht, was sie selbst ist. Desshalb folgt das Weitere hierüber in den nächsten Paragraphen."

Vernunft und Glaube sind nicht entgegengesetzt. Vernunft ist natürliche Offenbarung; Offenbarung ist natürliche Vernunft. (Vgl. 19. 4).

Das achtzehnte Capitel handelt von dem **verschiedenen Gebiete des Glaubens und der Vernunft** (of faith and reason, and their distinct provinces). Das Verhältniss der Vernunft zum Glauben ist schon früher berührt (10. 14; 17, 23). Die Offenbarung kann keine einfachen Vorstellungen mittheilen; aber sie kann Sätze mittheilen, die sich auch durch Vernunft erkennen lassen. In letzterem Falle ist sie unnöthig, da wir durch die Vernunft mit grösserer Gewissheit erkennen. Die Offenbarung kann nie der Vernunft widersprechen; sonst wäre sie eben keine Offenbarung. Als Gegenstände des Offenbarungs-Glaubens bleiben daher nur Sätze, die über der Vernunft sind oder doch nicht gegen die Vernunft. Die Vernunft hat zu prüfen, ob etwas göttliche Offenbarung ist (19, 14). So lange die Grenzen zwischen Vernunft und Glauben nicht fest stehen, kann man keiner religiösen Schwärmerei entgegentreten.[1])

Das neunzehnte Capitel spricht nun ausführlicher über die **Schwärmerei** (enthusiasm.)

Im zwanzigsten Capitel spricht Locke von der falschen Zustimmung oder dem **Irrthume** (error). In diesem Capitel darf man nicht eine philosophische Untersuchung über das Wesen und den Ursprung des Irrthums erwarten; Locke behandelt diese Frage höchst einseitig und untersucht mehr die Gründe für gewisse Richtungen der öffentlichen Meinung als die Frage, wie überhaupt das unwahre Wissen möglich ist.

Am Schlusse seines Werkes gibt Locke eine **Eintheilung der Wissenschaften**: in Naturwissenschaft (physica), Moral (practica) und bezeichnende Wissenschaft (Logik). Diese Eintheilung ist keine originelle; schon bei den Griechen finden wir die Dreitheilung: Logik, Physik und Ethik.

Diese Eintheilung der Wissenschaften ist aber ebenso willkürlich als unvollständig.

---

[1]) Dabei erwähnt Locke den tiefsinnigen Ausspruch Tertullian's: „Credo, quia impossibile est". Kirchmann bemerkt dazu (Erl. 152): „Dieser Ausspruch Tertullian's zeigt, wie wahr und tief derselbe die Grundlagen des Glaubens im Gegensatz zu denen des Wissens erkannt hat."

Umfang
unseres
Wissens.

In der Frage nach dem Umfange des menschlichen Wissens kommen Locke und Kant zu demselben Resultate: „Er ist sehr gering, aber für unsere Bedürfnisse ausreichend." Nur kommen sie auf verschiedenen Wegen zu diesem Resultate.

Locke sagt: „Die Erfahrung besteht darin, dass wir die Dinge an sich erkennen. Dazu sind in den meisten Fällen unsere Sinne unzureichend."

Kant aber folgert so: „Alle Erfahrung ist nur Erkenntniss der Gegenstände, wie sie uns erscheinen, nicht wie sie für sich sind (Anthropologie S. 29), d. h. unser Erkenntnissvermögen ist gar nicht danach eingerichtet, die Dinge an sich zu erkennen (II. S. 313); daher ist unsere Erfahrung nur die, wie sie sich durch das Medium der Receptivität und Spontaneität unseres Gemüthes ergibt. Was nicht durch dieses Medium erkennbar ist, ist überhaupt nicht erkennbar."

Ein einzigesmal (IV. 4. 3) spricht Locke einen ähnlichen Gedanken aus: „Es ist klar, dass die Seele die Dinge nicht unmittelbar kennt, sondern nur durch die Vorstellungen von ihnen."

Aber er lenkt gleich davon ab und stellt sich die Aufgabe, die Vorstellungen mit den Dingen zu vergleichen, das heisst die Realität unserer Ideen zu untersuchen.

Realität.

Das ganze vierte Capitel unseres Buches ist daher schon der Grundidee nach der philosophischen Lehre Kant's entgegengesetzt, da bei Kant im Sinne Locke's gar nicht von einer Realität der Vorstellungen gesprochen werden kann.

Das Ding für sich ist und bleibt für Kant ein Unbekanntes, ein X — selbst bei den Vorstellungen, die nach Locke dem Dinge entsprechen. Nur bei dem Substanzbegriffe begegnen sich die Wege der beiden Philosophen.

Gewissheit der Erkenntniss, wie Locke (IV. 4. 18) sie versteht, ist auch nach Kant erreichbar, Realität aber nie.

Kategorien.

Diese Uebereinstimmung oder Nichtübereinstimmung der Vorstellungen erzeugt in uns nach Kant's Lehre der

Verstand durch die Kategorien, welche aus den zwölf logischen Urtheilsformen erkannt werden können.¹)

Wir haben daher bei Kant eine empirische, durch nichts begründete Annahme der Denkformen.

Dasselbe finden wir bei Locke, der uns vier Arten der Uebereinstimmung oder Nichtübereinstimmung der Vorstellungen angibt. Bei Locke kommt aber ausser der empirischen Aufnahme dieser vier Arten noch dazu die Willkür, die wenigstens bei Kant durch seine Berufung auf die logischen Formen hinwegfällt. Die Systemlosigkeit und Zerrissenheit der allerdings treffenden Bemerkungen Locke's fällt da in's Auge. Er gesteht sogar selbst (IV. 1, 7), dass Identität und Coexistenz eigentlich zu der Art „Beziehung" (Relation) gehören, und dass nur die Wichtigkeit derselben ihn veranlasst habe, sie als eigene Arten zu betrachten.

Die drei Grade des Wissens bei Locke: intuitiv, demonstrativ und sensitiv finden wir bei Kant nicht. In der Kritik der Urtheilskraft (S. 373) äussert sich Kant so: „Erkennbare Dinge (d. h. für uns erkennbare, res cognoscibiles) sind von dreifacher Art: Sachen der

Grade des Wissens.

---

¹ Hier muss sich Kant mit Recht den schärfsten Tadel gefallen lassen -- nicht blos von seinen philosophischen Gegnern, sondern auch von seiner Verehrern. Ich will nur einige markante Kritiken anführen.

Kuno Fischer (S. 332): „Das ist die Tafel der Kategorien, welche Kant gern ein System nennt. In der Zusammenstellung und Ordnung derselben kommt seine architektonische Liebhaberei besonders zum Vorschein, und man muss sich hüten, ein zu grosses Gewicht auf die hier zur Schau gestellten Symmetrien zu legen... Diesem Dodekalog der reinen Verstandesbegriffe fehlt die Form des Systems, welche nicht ersetzt wird durch eine spielende Architektonik."

Schopenhauer meint, es sei noch Niemand darüber klug geworden, was sich Kant eigentlich damit gedacht habe; und eine der zwölf Kategorien, nämlich das limitative Urtheil, nennt er sehr witzig „ein blindes Fenster", das von Kant blos der Symmetrie wegen angebracht worden sei.

Dühring (S. 407) behandelt nach seiner Art Kant vollends mit der schärfsten Ironie: „Kant freut sich über die schönen Eigenschaften der Kategorientafel wie über etwas, was ein tiefes Geheimniss einschliesse. Er steht vor seinem Geschöpf wie vor dem endlich entdeckten Stein der Weisen. Er operirt mit dieser viergliederigen Zwölfheit in einer Weise, welche an die heilige Tetraktys der Pythagoreer erinnert. Er opfert seinen Götzen die besten Einsichten".

Später versuchte es wohl Jakob Sigmund Beck, diese Kategorientafel organisch zu verbinden, aber mehr mit Verehrung für Kant als mit Erfolg. In neuester Zeit (1877) übte Dr. A. von Leclair eine alfällige Kritik über die Kategorien.

Meinung (opinabile), Thatsachen (scibile) und Glaubenssachen (mere credibile)." Meinungssachen sind Objecte der Sinnenwelt, die nach dem Grade unseres Erkenntnissvermögens zu erkennen für uns unmöglich ist, z. B. der Aether. Thatsachen sind solche Gegenstände für Begriffe, deren objective Realität bewiesen werden kann, und zwar durch reine Vernunft oder Erfahrung, in allen Fällen durch correspondirende Anschauung. Hieher gehört auch eine Vernunftidee: Die Freiheit. Glaubenssachen sind solche Gegenstände, die in Beziehung auf den pflichtmässigen Gebrauch der reinen praktischen Vernunft a priori gedacht werden müssen, aber für den theoretischen Gebrauch derselben überschwänglich sind. Hieher gehört das Dasein Gottes und die Unsterblichkeit der Seele.

Erkennen ist daher von Kant in einem anderen, weiteren Sinne genommen, da dazu auch das Meinen und Glauben gehört, was Locke dem Erkennen oder Wissen (knowledge) entgegensetzt. Ausserdem ist das intuitive und demonstrative Erkennen Locke's von Kant unter Eines (Thatsachen scibilia) zusammengefasst.

Moral. Ein wichtiger Unterschied ist aber der, dass nach Locke die Moral und das Dasein Gottes Gegenstände des demonstrativen Wissens sind; bei Kant aber basirt die erstere gar nicht auf der theoretischen Vernunft, sondern auf der praktischen, und das Dasein Gottes gehört zu den Glaubenssachen. Was die Moral betrifft, so ist die Ansicht Locke's nach seinen anderen Behauptungen nur consequent. Er erkennt ja keinen angebornen kategorischen Imperativ an, und Lob und Tadel des moralischen Urtheiles knüpfen sich lediglich an die Vorstellung gewisser Willensbestimmungen und Handlungen, sowie auch die Angemessenheit einer Handlung an die Regel nur der Vergleichung der Handlung mit der gedachten Regel bedarf. Daher kann auch Moral demonstrirt werden, wie er wiederholt hervorhebt. IV. 3, 18; 4, 7; 11, 15.

Dasein Gottes. Was das Dasein Gottes betrifft, ist Locke entschieden inconsequent. Schon Poley bemerkt, dass der Schlusssatz Locke's mehr enthält als die Prämissen. Kant hebt die Inconsequenz Locke's richtig hervor, wenn er (II. S. 657) sagt, dass Locke, nachdem er alle Begriffe und Grundsätze von der Erfahrung abgeleitet hat, so weit in dem Gebrauche derselben gehe, dass er behauptet, man könne das Dasein Gottes und die Unsterblichkeit der Seele, obwohl beide Gegenstände ganz ausser den Grenzen möglicher Erfahrung liegen, ebenso evident beweisen als irgend einen mathematischen Lehrsatz. Aehnliche Stellen finden sich bei Kant I. S. 286; II. S. 728.

Der Beweis aus dem Begriffe des allervollkommensten Wesens, den Leibnitz nach Anselmus und Cartesius wieder aufnahm, wird zwar von Locke getadelt, aber noch nicht so in seiner Unhaltbarkeit erkannt wie von Kant. Der gedachte Gott, der in dem Begriff des allervollkommensten Wesens enthalten ist, hat nur ein gedachtes (logisches) Sein und kein wirkliches Sein; und das hat man, wie Kant hervorhebt, nicht unterschieden. Die Gewissheit, die uns Kant für das Dasein Gottes gibt, ist eine moralische, und diese ist nach seiner Ansicht genügend.

I. S. 286: „Es ist durchaus nöthig, dass man sich vom Dasein Gottes überzeuge; es ist aber nicht ebenso nöthig, dass man es demonstrire." Aehnlich ist die Stelle IV. S. 366: „Zuerst wird zu jedem Beweise erfordert, dass er nicht überrede, sondern überzeuge."

Das sinnliche Wissen Locke's, d. h. die Erkenntniss vom Dasein äusserlicher Gegenstände hat den schwächsten Grad der Gewissheit und ist eigentlich nur Meinung. Kant hat im Wesen eine ähnliche Auffassung davon. Auch er erkennt das Dasein der Dinge für sich an (II. S. 313); nur ist von diesen „transscendentalen Gegenständen" gar kein Erkennen möglich, und wir werden nie einen Begriff davon bekommen, weil unser Erkennen nur die Erscheinungen und nicht die Dinge selbst zum Objecte haben kann. *Sinnliches Wissen.*

Bekanntlich hat Kant selbst (Proleg. S. 21) bei Locke einen Wink der Eintheilung in analytische und synthetische Urtheile gefunden; trotzdem heisst es an dieser Stelle in tadelndem Tone weiter: „Nur herrscht in dem, was Locke von dieser Art der Erkenntniss sagt, so wenig Bestimmtes und auf Regeln Gebrachtes, dass man sich nicht wundern darf, wenn Niemand, sonderlich nicht einmal Hume Anlass daher genommen hat, über Sätze dieser Art Betrachtungen anzustellen." *Analytische und synthetische Urtheile.*

Analytische Urtheile sind nämlich solche, deren Prädicatbegriff im Inhalte des Subjectbegriffes schon enthalten ist. Ist aber der Inhalt des Prädicatbegriffes im Subjectbegriffe nicht enthalten, so heisst das Urtheil ein synthetisches. Die Verknüpfung durch Identität wäre also entsprechend den analytischen Urtheilen Kant's, die durch Coexistenz den synthetischen Urtheilen. Nach Locke ist nämlich Coexistenz (IV. 1, 3 und 6) verschieden von Einstimmigkeit; und wenn dieser nothwendige Zusammenhang (IV. 6. 9) im Begriffe der Substanz zu entdecken wäre, so könnte man ebenso wie in der Mathematik mit Gewissheit einen allgemeinen Satz darüber aufstellen, z. B. Alles Gold ist dehnbar, das heisst, dann gäbe es darüber synthetische Urtheile a priori.

Die Andeutung dieser epochemachenden Eintheilung der Urtheile durch Kant liegt allerdings darin; doch meine ich, dass Kant diese Andeutung „bestimmter" (IV. 8, 13) hätte finden können, wo Locke von den sogenannten Wortsätzen spricht, durch welche das Wissen nicht vermehrt werde. Es sind das solche Sätze, in denen das Prädicat nicht über den Inhalt des Subjectbegriffes hinausgeht, z. B. Gold ist ein Metall. Ich glaube, dass Kant diese Stelle übersehen hat; sonst hätte er vielleicht nicht über die geringe Bestimmtheit dieser Urtheils-Unterscheidung geklagt.[1])

<small>Beziehung zweier Vorstellungen.</small> Ueber die Beziehung (Relation) der Vorstellungen (IV. 3. 18) gibt es nach Locke desswegen ein demonstratives Wissen, das sogar ins Unbestimmte erweitert werden kann, weil die Giltigkeit der Beziehung von der Erfahrung gar nicht abhänge.

Daher ist Mathematik und Moral der Demonstration fähig. Später (§. 31) kommt Locke noch einmal darauf zu sprechen, indem er sagt, dass die Wahrheit der Vorstellungen an den Inhalt der Begriffe gebunden sei. Im Grunde ist das derselbe Gedanke, den Kant (IV. S. 373) bei der Frage ausspricht, wie etwas für uns, das heisst nach unserer subjectiven Beschaffenheit eine res cognoscibilis sein könnte: Es werden die Begriffe nicht mit den

---

<small>[1]) Uebrigens hat auch die Kant'sche Eintheilung in analytische und synthetische Urtheile schon manche Berichtigung erfahren. Vgl. die erst jüngst erschienene Schrift A. von Leclair's, wonach eigentlich nur particuläre Urtheile synthetisch genannt werden könnten.</small>

Objecten zusammengehalten, und die Frage, ob etwas ein erkennbares Wesen sei oder nicht, ist keine Frage, welche die Möglichkeit der Dinge angeht.

Nur der Schluss auf die Demonstrations-Fähigkeit der Mathematik fehlt bei Kant, da nach ihm die Mathematik, obwohl sie synthetische Urtheile enthält, mehr als demonstrationfähig, nämlich apriorisch gewiss ist[1] — eben so gut wie die allgemeinen Sätze der Naturwissenschaft.

Bei Locke ist von einer grösseren Gewissheit der Naturwissenschaft nicht die Rede, weil er den allgemeinen Sätzen (Axiomen) allen praktischen Nutzen zur Erweiterung unseres Wissens abspricht.

Nur bei den einfachen Vorstellungen und den modis könne man überhaupt allgemeine Sätze mit Anspruch auf Wissen aufstellen. Er erklärt diese allgemeinen Sätze nicht als falsch, aber als entbehrlich. Bei Kant haben allgemeine Sätze und Axiome eine grosse Bedeutung, da sie zu den apriorischen Besitzthümern gehören oder sich davon ableiten lassen. So fliesst aus der Kategorie der Quantität das Axiom der Anschauung von intuitiver Gewissheit: Alle Anschauungen sind extensive Grössen. So baut sich die Kritik der praktischen Vernunft und der Urtheilskraft auf Maximen auf.

Bei den Wortwahrheiten (IV. 5, 2) finden wir abermals einen Ausspruch Locke's, den wir im Systeme Kant allgemeiner wieder finden: Die Zeichen der Dinge sind Begriffe und Worte; eine blosse Wortwahrheit kann ganz gut auch leer an Erkenntniss sein. Diesen Satz spricht Kant (II. S. 56) so aus: „Gedanken ohne Inhalt sind leer." Allerdings ist hier der Zusammenhang ein anderer. Kant sagt nämlich, durch die Sinnlichkeit werde

---

[1] Hume erkannte nur der reinen Mathematik apriorische Gewissheit zu, da ihre Urtheile eben nur analysische seien.
Kant erklärte mathematische Urtheile trotz ihrer synthetischen Natur für apriorisch gewiss. Gegen diese Ansicht Kant's fanden sich schon viele Gegner, unter denen ich den Engländer Mill und die Deutschen Trendelenburg, Tauschinski und Robert Zimmermann nenne. Letzterer nannte diese Ansicht Kant's dessen „mathematisches Vorurtheil." Diese Angriffe wurden in neuester Zeit von Dr. Josef Pommer (Wien 1873) zurückgewiesen. Gegen Mill hatte schon Whewell die Apriorität der mathematischen Urtheile vertheidigt.

der Gegenstand zum Denken geliefert, und der Verstand denke über die Gegenstände. Hier Materie, dort Form. Blosse Form ohne Materie liefert keine Erkenntniss.

Vernunft. Locke gesteht die Vieldeutigkeit des Ausdruckes Vernunft zunächst für die englische Sprache (reason). Er selbst fasst sie aber nur formal auf als Fähigkeit, die Mittelbegriffe der Schlüsse aufzufinden.

Bei Kant ist sie mehr als Form, sie ist das Vermögen der Principien und bringt die höchste Einheit in das Denken. Sie liefert die Ideen und gehört daher auch zum Erkenntnissvermögen, nämlich zum oberen Erkenntnissvermögen (Anthropologie S. 100). Die formelle Rolle der Auffindung der Mittelbegriffe des Schlusses hat bei Kant die Urtheilskraft. Der Hergang beim Syllogismus ist nach Kant (II. S. 246) folgender: Den major denkt der Verstand, den minor subsumirt die Urtheilskraft, den Schluss zieht die Vernunft.

Uebrigens hat Locke die Vernunft trotz ihrer formalen Auffassung sehr gut verwerthet; sie fragt überall nach Gründen und ist sogar die Richterin in Glaubenssachen.

Glaube und Offenbarung. Den Glauben definirt Locke (IV. 18, 2) als die Zustimmung zu Sätzen, die nicht durch die Folgerungen der Vernunft erwiesen sind und sich auf das Ansehen Gottes gründen. Kant (IV. S. 379) definirt den Glauben als die moralische Denkungsart der Vernunft im Fürwahrhalten desjenigen, was für die theoretische Erkenntniss unzugänglich ist. Diese Definitionen sind im Wesen dieselben. Auch das Verhältniss zur Vernunft fasst Kant ebenso freisinnig und doch mit einem ebenso religiösen Gemüthe auf: Eigentlich ist kein Gegensatz; denn Gott gibt beides, und er kann sich nicht widersprechen (IV. S. 380). Die Uebergriffe und religiösen Ausschweifungen derjenigen, die auf Kosten der Vernunft den Glauben hervorkehren, geisseln beide Philosophen gleich. Man vergleiche Kant's Abhandlung über Dienst und Afterdienst (X. S. 181). Bei beiden ist die Vernunft die letzte Richterin über die Offenbarung; sie hat nämlich zu beurtheilen, ob eine Lehre eine geoffenbarte sei. Dass übrigens beide Männer ein sehr gläubiges und inniges Gemüth besassen, zeigt sich aus ihren Schriften. An Locke zeigt sich das in seinen Aeusserungen über das

Jenseits und in seinen praktisch philosophischen Schriften.¹)
Kant zeigte das durch seine theologischen Schriften, besonders durch seine Abhandlung über die Religion innerhalb der Grenzen der Vernunft und durch die Kritik der praktischen Vernunft, an der sich selbst jeder Theologe erwärmen kann.

¹ Ueber das Jenseits spricht Locke öfters, so z. B. IV, 3, 27. Unter seinen praktischen Schriften, die hieher gehören, erwähne ich seine Abhandlungen von den Wundern, über die Vernunftmässigkeit des Christenthums (1695), über Erziehung (1693), seine Briefe über Toleranz 1685 bis 1692. Darin bildet das Hauptthema die Nichteinmischung des Staates in religiöse Angelegenheiten.

Das Letzte, was er zu hören verlangte, waren die Psalmen, aus welchen Lady Masham dem Sterbenden auf seinen Wunsch laut vorlas.

III.

Resultat unserer Vergleichung.

Wir haben uns nun mit den wichtigsten Zügen ein Bild von dem Inhalte des essay von Locke gebildet und haben überall, wo sich Berührungspunkte finden, die Lehre Locke's mit dem späteren Systeme Kant's verglichen: wir können also sagen, dass wir John Locke im Lichte der Kantischen Philosophie näher betrachtet haben.[1)]

Was ist nun das Resultat unserer Vergleichung? Können wir mit Recht sagen, dass Locke der deutschen Philosophie mehr vorgearbeitet habe, als man gewöhnlich annimmt? Die Antwort muss in der durchgeführten Vergleichung liegen. Zur grösseren Uebersichtlichkeit wollen wir nur die wichtigsten Punkte hervorheben, in denen Locke und Kant einander widersprechen, und in denen sie sich berühren. Alle Einzelheiten zu diesem Zwecke hervorzusuchen, wäre ein entschiedener Missgriff. Wer wollte nämlich beweisen, dass Kant in untergeordneten Details seinen Vorgänger Locke immer vor Augen gehabt habe? Selbst in den aufzuführenden wichtigeren Punkten lässt sich eine **unmittelbare** Einwirkung Locke's auf Kant nicht erweisen, ausser dort, wo Kant selbst von seinem Vorgänger spricht.

Aber jedenfalls ist ein mittelbarer Einfluss des Engländers auf den deutschen Philosophen in allen wichtigeren Berührungspunkten zu constatiren.

---

[1] Hartenstein kritisirt Locke vom Standpunkte der Philosophie Leibnitz's. Kirchmann grösstentheils vom Standpunkte der Philosophie des Aristoteles und desselben Leibnitz. Erst Drobisch beleuchtete Locke's Philosophie vom Standpunkte Kant's, aber nur theilweise.

Die wichtigsten Unterschiede zwischen beiden Philosophen sind folgende:

1. Die Werke Kant's zeigen im Ganzen und im Einzelnen Systemmässigkeit und wohl überdachten Organismus, während Locke in seinen reichhaltigen Bemerkungen und Beispielen zerrissen, ja sogar willkürlich ist. Daher kommt es, dass die Details im Werke Locke's oft grösseren Werth für die Weiterentwicklung der Philosophie haben als das Ganze. So sind die Vermögen und Kategorien von Kant so gut empirisch aufgenommen wie von Locke; aber von Kant sind sie zu einem wenigstens scheinbar geschlossenen Organismus verarbeitet, während Locke besonders in der Eintheilung der Ideen und der vier Arten der Uebereinstimmung der Begriffe geradezu willkürlich ist.

2. Durch das Werk Locke's geht als Grundgedanke hindurch: Allgemeines und Nothwendiges ist auch durch Erfahrung erreichbar. Die Basis der Kritik der reinen Vernunft besteht aber darin: Allgemeines und Nothwendiges muss unabhängig von Erfahrung sein.

3. Locke stützt seine Kritik nur auf die Erfahrung.

Kant hat aber eine zweifache Quelle des Erkennens: Materie und Form (Sinnlichkeit und Verstand). Freilich schwankt da auch Kant und meint (II. S. 28), vielleicht hätten diese beiden Quellen doch eine Wurzel.

4. Die Erfahrung bezieht sich bei Locke auf die Dinge an sich, bei Kant nur auf die Erscheinungen (phaenomena), da alle Dinge an sich für uns unerkennbar sind.

5. Die Moral Locke's ist Eudaimonismus und stützt sich auf das Begehren der Lust und Unlust, die Moral Kant's ist Rigorismus und stützt sich auf die Pflicht.

Die Aehnlichkeit der beiden Philosophen zeigt sich in folgenden wichtigeren Punkten:

1. Die Aufgabe ist für beide: den Ursprung und die Grenzen des Erkennens festzustellen. Beide betonen, dass der Werth ihrer Untersuchungen selbst in dem negativen Resultate liege, wenn nämlich festgestellt sei, was man nicht erkennen könne. Dieser Gedanke war

auch ein neuer; daher sind beide von der Wichtigkeit einer solchen Erkenntnisskritik überzeugt.

2. Der Ausgang beider Kritiken ist die **Erfahrung**, was auch Kant ausdrücklich zugibt.

3. Der **transscendentale Idealismus** ist auch schon durch Locke angedeutet. Denn Locke sagt: Die Erfahrung hat Grenzen, und die Dinge an sich existiren; aber unser sinnliches Wissen von der Existenz der Dinge führt keine unmittelbare Gewissheit mit sich und ist eigentlich nur ein Meinen. Bei Kant sind freilich die Dinge vollständig unerkennbar, was bei Locke nur von der reinen Substanz gilt.

Selbst die Unterscheidung der **phaenomena und noumena** ist von Locke durch seine primary und secondary qualities vorbereitet.

4. Die so wichtige Unterscheidung der **analytischen und synthetischen Urtheile** ist ziemlich deutlich im essay zu finden, obwohl Locke noch keine Ahnung hatte, welch' grosse Rolle diese Unterscheidung einst spielen werde.

Und gerade hier wird selbst von Kant eine Erwähnung Locke's gemacht, ein Beweis, dass hier Locke unmittelbarer Vorarbeiter war.

5. Gemeinschaftlich ist die Ansicht: Die **Gewissheit** der Erkenntnisse beruht auf dem **Inhalte** der Begriffe, nicht auf der Uebereinstimmung mit den Dingen an sich.

6. Beide scheuen sich, über das **Wesen der Seele** etwas Bestimmtes auszusprechen.

7. Locke leugnet die **angebornen Ideen**, die auch Kant nicht annimmt. Angeboren ist bei Beiden die Receptivität und Spontaneität der Seele und das Gefühl der Lust und Unlust, welch' letzteres Locke inconsequent dennoch den Ideen beizählt.

8. Das **Resultat** Beider ist: die Erkenntniss ist gering, aber für uns ausreichend.

9. Was sie auf dem theoretischen Gebiete des Erkennens niedergerissen haben, bauen sie in **praktischer Hinsicht** wieder auf. So Kant durch seine praktische Vernunft, so Locke durch seine praktisch philosophischen Werke.

Ueber Letzteren bemerkt Schärer (S. 191): „Wer von Locke nur seine Erkenntnisstheorie kennt, muss sich unseren Philosophen nicht nur als einen äusserst nüchternen, sondern auch als einen unfruchtbaren, ja destructiven Geist vorstellen, in welchem der trockene Verstand die Alleinherrschaft ausübt. Aber Locke's Schriften über praktische Philosophie zeigen einen grossen Reichthum inneren Gehaltes."

Daher kommt es auch, dass beide Männer trotz ihrer Freisinnigkeit dort, wo es gilt, die Vernunft gegen die Offenbarung abzugrenzen, einen sehr innigen Glauben beweisen.

Schliesslich muss ich noch erwähnen, dass Beide sehr grobe philosophische Fehler — es klingt fast wie Ironie — gemeinsam hatten: den Dogmatismus und die Inconsequenz, obwohl Beide eigens sich bemühten, diese Fehler zu vermeiden.

Locke ist dogmatisch in der Annahme der einfachen Vorstellungen, der Eintheilung der zusammengesetzten Ideen, der vier Arten der Uebereinstimmung der Begriffe, der drei moralischen Gesetze und in der Annahme des mechanischen Einflusses der Dinge.

Kant muss sich denselben Vorwurf gefallen lassen in seinen Vermögen, in den Kategorien, in seiner Unterscheidung von Stoff und Form des Erkennens, in der Apriorität von Raum und Zeit.

Inconsequent ist Locke hauptsächlich in drei Punkten zu nennen. 1. Er schreibt der Seele durch ihre Operationen Spontaneität zu und lässt doch den Verstand fast nur leidend sein. 2. Er verwirft alle angebornen Ideen und nimmt das doch factisch zurück bei der Lust und Unlust. 3. Ein Wissen von den Substanzen gibt es nach Locke nicht, und doch ist das Dasein Gottes demonstrirbar.

Bei Kant dagegen liegt eine bedeutende Inconsequenz darin, dass er Zeit und Raum nachdrücklichst für apriorische Formen erklärt und doch dieselben wieder als Materie für synthetische Erkenntnisse a priori verwendet.

Schul-Nachrichten.

Am Schlusse des Schuljahres 1876 schied der hochverdiente Lehrer der lateinischen und griechischen Sprache **Norbert Dechant**, seiner zerrütteten Gesundheit wegen, zum grössten Bedauern der ganzen Anstalt aus dem Lehrkörper.

A.
Lehrkörper am Schlusse des Schuljahres.
Der obligaten Gegenstände.

Zahl	Name	Stand	Beschäftigung	Wöchentl. Lehrstd.
1	**Albert Gatscher**, Ritter des kaiserl. österr. Franz Joseph-Ordens, k. k. Schulrath und fürsterzb. geistl. Rath	Priester d. Stiftes Schotten.	Director.	
2	**Bernhard Frieb**, Gemeinderath der Stadt Wien	„	lehrte griechische Sprache in der 5., 6. und 7. Cl.	14
3	**Ernest Hauswirth**, Dr. der Theologie	„	Religionslehrer und Exhortator im Ober-Gymnasium; lehrte Geographie und Geschichte in der 7. und 8. Cl.	14
4	**Ferdinand Breunlg**, Dr. der Theologie	„	lehrte Naturgeschichte in der 1., 2., 5., 6. und im 1. Semester der 3. Cl.	15
5	**Columban Welleba** . .	„	lehrte deutsche Sprache in der 3., 4., und 5. Cl. und Geographie und Geschichte in der 3., 5. und 6. Cl.	18
6	**Paul Nuttil**	„	Religionslehrer und Exhortator im Unter-Gymnasium.	8
7	**Sigmund Gschwandner**, Dr. der Philosophie, Ritter des kais. österr. Franz Josef-Ordens . .	„	lehrte Physik in der 4., 7. und 8. Cl. und im 2. Semester der 3. Cl. und philosoph. Propaedeutik in der 7. und 8. Cl.	17
8	**Emerich Gabely**, Dr. der Philosophie	„	lehrte Mathematik in der 2., 4., 6. und 8. Cl., Geographie und Geschichte in der 2. und 4. Cl.	19
9	**Clemens Kickh**, Dr. d. Theologie, k. k. Hofpr. und Tit.-Hofcaplan . .	„	lehrte lateinische Sprache in der 4. und 8. Cl. und griechische Sprache in der 4. Cl.	15
10	**Hugo Mareta**	„	lehrte lateinische Sprache in der 7. Cl., deutsche Sprache in der 6., 7. u. 8. Cl.	14
11	**Heinrich Maschek** . . .	„	lehrte lat. u. deutsche Sprache in der 2. Cl. u. griech. Sprache in der 8. Cl.	17
12	**Alfred Nitzelberger** . .	„	lehrte Geographie in der 1. Cl., Mathematik in der 1., 3., 5. und 7. Cl.	16
13	**Edmund Meier**	„	lehrte lateinische Sprache in der 3. und 5. Cl. u. griech. Sprache in der 3. Cl.	17
14	**Andreas Borschke**, Dr. der Philosophie	„	lehrte lateinische Sprache in der 1. und 6. Cl. u. deutsche Sprache in der 1. Cl.	18
15	**Othmar Womatschka** .	„	Supplent für Geographie, Geschichte und deutsche Sprache.	
16	**Stefan Fellner**	„	Supplent für Naturgeschichte u. Physik.	
17	**Coelestin Wolfsgruber**, Dr. der Theologie . .	„	Supplent für Religionslehre im Unter-Gymnasium.	
18	**Robert Tursky**	„	Supplent für latein. und griech. Sprache.	
19	**Pius Zöhrer**, Dr. der Theologie	„	Supplent für Mathematik und Physik.	

Der nicht obligaten Gegenstände.

Zahl	Name	Stand	Beschäftigung	Wöchentl. Lehrst.
1	Alois Mord	geistlich	lehrte französische Sprache	3
2	Victorin Matocha	weltlich	lehrte Schönschreiben	2
3	Ernst Schieschnek		lehrte Zeichnen	2
4	Joh. Max Schreiber	„	lehrte Stenographie	1
5	Ernst Schmid		lehrte Gesang	1
6	Wiener Männer Turnverein	„	lehrte Turnen	3

B.
Lehrplan für die obligaten Lehrgegenstände der acht Classen.

Erste Classe.

Classenlehrer: Dr. **Andreas Borschke.**

Religionslehre: Glaubens- und Sittenlehre. Lehrbuch: Katholische Religionslehre von **Franz Fischer.** 8. Aufl. Wien 1875. Wöchentlich 2 Stunden. **Paul Nuttil.**

Lateinische Sprache: Regelmässige Formenlehre. Die fünf Declinationen, die Adjectiva und deren Steigerung, die wichtigsten Pronomina, die Cardinal- und Ordinalzahlen. Die vier regelmässigen Conjugationen mit Einschluss der Deponentia, die conjug. periphr. Die wichtigsten Präpositionen und Conjunctionen. Der Gebrauch des Imperativ, Infinitiv und Gerundium. Die constructio accusativi cum infinitivo. Jede Woche eine schriftliche Schularbeit. Schul- und häusliche Uebersetzungen nach **M. Schinnagl's** latein. Elementarbuche. 9. Aufl. Wien 1875. Wöchentlich 8 Stunden. Dr. **Andreas Borschke.**

Deutsche Sprache: Formenlehre: Flexion der Verba und Partikellehre. Satzlehre: Der einfache Satz, der zusammengezogene und zusammengesetzte Satz in seinen Hauptarten. Interpunctionslehre und orthographische Uebungen nach der Schulgrammatik von **J. Frei.** 8. Aufl. Zürich 1874. Lesebuch von **A. Neumann** und **O. Gehlen.** 5. Aufl. Wien 1875. Die schriftlichen Arbeiten dem Organisations-Entwurfe entsprechend. Wöchentlich 4 Stunden. Dr. **Andreas Borschke.**

Geographie: Allgemeine Vorbegriffe. Uebersicht der fünf Welttheile nach **J. Ptaschnik's** Leitfaden beim Lesen der geographischen Karten. 6. Aufl. Wien 1876. B. **Kozenn's** Schulatlas für Mittelschulen in 48 Karten. 21. Aufl. Wien 1876. Wöchentlich 3 Stunden. **Alfred Nitzelberger.**

Mathematik: Arithmetik. Die vier Rechnungsarten in ganzen Zahlen, in gemeinen und Decimalbrüchen, Theilbarkeit der Zahlen, das Rechnen mit mehrnamigen Zahlen nach **Močnik's** Lehrbuch der Arithmetik für Unter-Gymnasien. I. Abtheilung. 22. Aufl. Wien 1876.

Geometrische Anschauungslehre: Die Punkte, Linien, Winkel, Dreiecke nach **Močnik's** geometrischer Anschauungslehre für Unter-Gymnasien. I. Abtheilung. 14. Aufl. Wien 1877. Wöchentlich 3 Stunden. **Alfred Nitzelberger.**

Naturgeschichte: I. Semester: Allgemeine Einleitung in die Naturgeschichte. Säugethiere. II. Semester: Wirbellose Thiere mit besonderer Berücksichtigung der Raupenkunde nach: Illustrirte Naturgeschichte des Thierreiches von Dr. **Pokorny.** 13. Aufl. 1876. Wöchentlich 3 Stunden. Dr. **Ferdinand Breunig.**

Zweite Classe.

Classenlehrer: **Heinrich Mascheck.**

Religionslehre: Liturgik oder Erklärung der gottesdienstlichen Handlungen. 5. Aufl. Prag bei **Bellmann.** 1872. Wöchentlich 2 Stunden. **Paul Nuttil.**

Lateinische Sprache: Die in der ersten Classe übergangenen Partieen der regelmässigen Formenlehre.

Das Unregelmässige und minder Gewöhnliche aus der Formenlehre. Erweiterung der Kenntniss und des Gebrauchs der Conjunctionen. Relativsätze zur Bezeichnung der Absicht, des Grundes, der Folge. Accusativus und Nominativus cum Infinitivo. Participial-Construction. Gerundium und Supina. Nach **Ellendt-Seyffert's** latein. Grammatik. 15. Aufl. 1875. Wöchentlich eine Composition. Schul- und häusliche Uebersetzungen nach **Schinnagl's** latein. Lesebuche für die 2. Gymnasial-Classe, 7. Aufl. 1873. Wöchentlich 8 Stunden. **Heinrich Mascheck.**

Deutsche Sprache: Orthographie und Interpunction. Flexion des Substantivs, Adjectivs und Numerale. Bildung der verschiedenen Arten von Nebensätzen, Verkürzung und Zusammenziehung der Sätze. Periodenbau. Nach der Schulgrammatik von **J. Frei**. 8. Aufl. 1874. Lesebuch von **A. Neumann** und **O. Gehlen** für die 2. Gymnasial-Classe, 5. Aufl. 1875. Die schriftlichen Arbeiten nach Anordnung des Organisations-Entwurfes. Wöchentlich 4 Stunden. **Heinrich Mascheck.**

Geographie und Geschichte: Die alte Welt nach **Anton Gindely's** Lehrbuch der allgemeinen Geschichte für die unteren Classen der Mittelschulen. I. Band. 5. Aufl. 1875. Geographie: Leitfaden von **J. Ptaschnik**. Wöchentlich 4 Stunden. Dr. **Emerich Gabely**.

Mathematik: Arithmetik: Hauptsätze der Verhältnisse und Proportionen. Regel-de-tri in mannigfacher Anwendung, die Procentrechnung, die wälsche Praktik, die Mass- und Gewichtskunde. Das Geld- und Münzwesen. Nach Dr. **Franz Ritter v. Močnik's** Lehrbuch der Arithmetik für Unter-Gymnasien. I. Abtheilung. 21. Aufl. 1875.

Geometrische Anschauungslehre: Wiederholung des Früheren; Parallelogramme und Vielecke. Umfangs- und Flächenberechnung geradliniger Figuren. Einfache Fälle der Verwandlung und Theilung nach Dr. **Franz Ritter v. Močnik's** geometrischer Anschauungslehre. I. Abtheilung. 13. Aufl. 1875. Wöchentlich 3 Stunden. Dr. **Emerich Gabely**.

Naturgeschichte: I. Semester: Vögel, Reptilien, Amphibien und Fische, nach Dr. **Pokorny.** II. Semester: Botanik nach: Illustrirte Naturgeschichte des Pflanzenreiches von Dr. **Pokorny.** 10 Aufl. 1875. Wöchentlich 3 Stunden. Dr. **Ferdinand Breunig.**

Dritte Classe.

Classenlehrer: **Edmund Meier.**

Religionslehre: Geschichte der göttlichen Offenbarung des alten Bundes von **Franz Fischer.** 2. Aufl. Wien 1873. Wöchentlich 2 Stunden. **Paul Nuttil.**

Lateinische Sprache: Syntax bis zur Tempus-Lehre, Wiederholung der Formenlehre nach **Ellendt Seyffert's** latein. Grammatik. (Berlin 1872.) Lectüre: *Historiae antiquae. Lib.* III. V. IX. (ed. **Hoffmann** Wien 1872.) Die schriftlichen Arbeiten dem Organisations-Entwurfe entsprechend. Aus **Haacke's** Aufgaben zum Uebersetzen (I. Theil, Berlin 1874) die einschlägigen Paragraphe. Wöchentlich 6 Stunden. **Edmund Meier.**

Griechische Sprache: Die Formenlehre bis zur Bildung des medialen und passiven Perfectum nach **Curtius'** Grammatik. (11. Aufl. Prag 1875.) Uebersetzung der einschlägigen Paragraphe aus **Schenkl's** Uebungsbuch. 9. Aufl. Prag 1875. Die schriftlichen Arbeiten dem Organisations-Entwurfe entsprechend. Wöchentlich 5 Stunden. **Edmund Meier.**

Deutsche Sprache: Lectüre aus **A. Neumann's** Lesebuch für die 3. Classe. 4. Aufl. 1875, mit sprachlichen und sachlichen Erklärungen. Die schriftlichen Arbeiten nach Anordnung des Organisations-Entwurfes. Wöchentlich 3 Stunden. **Columban Welleba.**

Geographie und Geschichte: Das Mittelalter nach Dr. **Anton Gindely's** Lehrbuch der allgemeinen Geschichte für die unteren Classen der Mittelschulen. II. Band. 5. Aufl. Prag 1876. Geographie. Leitfaden von **J. Ptaschnik.** 5. Aufl. Wien 1873. Wöchentlich 3 Stunden. **Columban Welleba.**

Mathematik: Arithmetik: Die vier Grundoperationen mit algebraischen Zahlen, mit allgemeinen, ganzen und gebrochenen Zahlenausdrücken. Das Potenziren von ganzen Zahlen und Brüchen. Das Ausziehen der Quadrat- und Kubikwurzel. Das Einfachste und Wichtigste der Combinationslehre nach **Močnik's** Lehrbuch der Arithmetik für Unter-Gymnasien. II. Abtheilung. 16. Aufl. Wien 1876.

Geometrische Anschauungslehre: Wiederholung der Lehre von den geradlinigen Figuren. Der Kreis mit mannigfachen Constructionen in und um denselben, seine Umfangs- und Inhaltsberechnung nach **Močnik's** geometrischer Anschauungslehre für Unter-Gymnasien. II. Abtheilung. 9. Aufl. Wien 1875. Wöchentlich 3 Stunden. **Alfred Nitzelberger.**

Naturgeschichte: Im I. Semester: Elemente der Mineralogie nach: Illustrirte Naturgeschichte des Mineralreiches von Dr. **Pokorny.** 8. Aufl. 1873. Wöchentlich 2 Stunden. Dr. **Ferdinand Brennig.**

Naturlehre: Im II. Semester: Allgemeine Eigenschaften der Körper. Aggregations-Zustände. Grundstoffe und chemische Verbindungen. Wärmelehre. Verdunstung. Bildung der Wasser-Meteore. Vertheilung der Wärme auf der Erdoberfläche. Nach Dr. **Josef Krist's** Anfangsgründe der Naturlehre. 5. Aufl. 1873. Wöchentlich 3 Stunden. Dr. **Sigmund Gschwandner.**

Vierte Classe.

Classenlehrer: **Columban Welleba.**

Religionslehre: Geschichte der göttlichen Offenbarung des neuen Bundes von **Franz Fischer.** Wien 1871. Wöchentlich 2 Stunden. **Paul Nuttil.**

Lateinische Sprache: Tempuslehre. Moduslehre mit Ausschluss der Lehre vom Gerundium. Prosodie. Nach **Ellendt - Seyffert's** latein. Grammatik. Lectüre: C. Julii Caesaris bellum gallicum. I. 1—30, 47—54. II. 13—27. III. 7—16. IV. 20—37. V. 12, 13, 14. VI. 11—27. VII. 1—30. Ausgabe von **Emanuel Hoffmann.** Poetisches: Aus „P. Ovidii Nas. carm. selecta" edid. Grysar. 2. Aufl. 1865. Deucalion und Pyrrha (Met. I. 163—415.) Arion. (Fast. II. 83—118). Aufgaben zum Uebersetzen in's Lateinische für Quarta von **Haacke**. 7. Aufl. 1872. Alle 14 Tage eine Schularbeit. Wöchentlich 6 Stunden. Dr. **Clemens Kickh**.

Griechische Sprache: Die Unregelmässigkeit beim Nomen und Verbum. Die Verba auf μι. Aus der Syntax: Congruenzlehre, Casuslehre, Lehre vom Pronomen, Lehre von den Arten des Verbum. Nach Dr. **Curtius'** Grammatik. 10 Aufl. 1873, mit Zuziehung des Lesebuches von Dr. **Schenkl**. 8. Aufl. 1871. Alle 14 Tage eine Schularbeit. Wöchentlich 4 Stunden. Dr. **Clemens Kickh**.

Deutsche Sprache: Wie in der dritten Classe, mit Hinzugabe der deutschen Metrik. Lesebuch von **A. Neumann**. IV. Theil. 3. Aufl. 1876. Die schriftlichen Arbeiten nach Anordnung des Org.-Entw. Wöchentlich 3 Stunden. **Columban Welleba**.

Geographie und Geschichte: Im I. und theilweise im II. Semester: Die Geschichte der neueren Zeit nach **Anton Gindely's** Lehrbuch der allgemeinen Geschichte für die unteren Classen der Mittelschulen III. Band. 4. Aufl. 1875. Im II. Semester: Oesterreichische Vaterlandskunde für die mittleren Classen der Mittelschulen. Nach Dr. **Emanuel Hannak's** Lehrbuch. Unterstufe. 5. Aufl. 1877. Wöchentlich 4 Stunden. Dr. **Emerich Gabely**.

Mathematik: Arithmetik: Zusammengesetzte Verhältnisse und Proportionen, die zusammengesetzte Regel de-tri. Die Procent-, Termin-, Gesellschafts-, Allegations- und Kettenrechnung, die Zinseszinsen - Rechnung. Gleichungen des ersten Grades mit einer und mehreren Unbekannten. Nach Dr. **Fr. Ritter v. Močnik's** Lehrbuch der Arithmetik. II. Abtheilung. 16. Aufl. 1876.

Geometrische Anschauungslehre nach **Močnik**. II. Abtheilung. 9. Aufl. 1875. Im I. Semester: Wiederholung der Kreislehre. Im II. Semester: Elemente der Stereometrie. Wöchentlich 3 Stunden. Dr. **Em. Gabely**.

Naturlehre: Gleichgewicht und Bewegung der festen, tropfbaren und ausdehnbar - flüssigen Körper. Das Wichtigste aus der Akustik, Optik, die Lehre vom Magnetismus und der Elektricität mit den in dieses Gebiet gehörigen Naturerscheinungen. Nach Dr. **Joseph Krist's** Anfangsgründe der Naturlehre. 5. Aufl. 1873. Wöchentlich 3 Stunden. Dr. **Sigm. Gschwandner.**

Fünfte Classe.

Classenlehrer: **Alfred Nitzelberger.**

Religionslehre: Geschichtliche Entwicklung der göttlichen Offenbarung und Lehre von der Kirche Christi nach **Conrad Martin's** Lehrbuch der katholischen Religion. I. Theil. 15. Aufl. 1873. Wöchentlich 2 Stunden. Dr. **Ernest Hauswirth.**

Lateinische Sprache: Aus T. Livius Lib. II. Cap. 1—10; Cap. 23—33; Lib. VII. Cap. 29—41; Ausgabe von **Grysar**. 2. Aufl. 1872. — Aus Ovidius: Ausgewählte Gedichte e libris Metamorphoseon, Fastorum und Tristium. Ausgabe von **O. Gehlen**. 2. Aufl. 1871. Aufgaben zum Uebersetzen in's Latein für Tertia von **Haacke**. 4. Aufl. 1874. Wiederholung der Grammatik. Alle 14 Tage eine schriftliche Schularbeit. Wöchentlich 6 Stunden. **Edmund Meier.**

Griechische Sprache: Aus Dr. **Schenkl's** Chrestom. aus Xenophon. Cyrop. I. III. IX. Anab. I. II. III. Memorabilien III. — Aus Homer's **Ilias** I. und VI. Buch (nach **Hochegger's** Epitome.) Die Hälfte des I. Buches wurde memoriert. — Aus **Curtius'** Grammatik §. 460 bis 550. Die schriftlichen Arbeiten nach Vorschrift. Wöchentlich 5 Stunden. **Bernhard Frieb.**

Deutsche Sprache: Lectüre mit sachlichen und stilistischen Erläuterungen. Memorieren und Vortrag geeigneter Lesestücke aus **A. Egger's** Lehr- und Lesebuch für höhere Lehranstalten. I. Theil. 4. Aufl. 1875. 15 schriftliche Arbeiten. Wöchentlich 2 Stunden. **Columban Welleba.**

Geographie und Geschichte: Die Staaten des Alterthums bis zum zweiten Triumvirat nach dem Grundriss von **Wilhelm Pütz** für die oberen Classen. I. Band. 14. Aufl. 1873. Wöchentlich 4 Stunden. **Columban Welleba.**

Mathematik: **Algebra**: Die vier Grundoperationen. Theilbarkeit der Zahlen. Die Lehre von den gemeinen

Brüchen, Decimal- und Kettenbrüchen. Die Lehre von den Verhältnissen und Proportionen. Anwendung der Proportionen nach **Močnik's** Lehrbuch der Arithmetik für die oberen Classen der Mittelschulen. 15. Aufl. Wien 1876.

  Geometrie: Die Planimetrie. Nach **Močnik's** Lehrbuch der Geometrie für die oberen Classen der Mittelschulen. 13. Aufl. Wien 1876. Wöchentlich 4 Stunden. **Alfred Nitzelberger.**

Naturgeschichte: Im I. Semester: Mineralogie nach: Leitfaden der Mineralogie und Geologie von Dr. **Hochstetter** u. Dr. **Bisching.** 1876. Im II. Semester: Botanik nach: Grundriss der Botanik von Dr. **Bill.** 5. Aufl. 1872. Wöchentlich 3 Stunden. Dr. **F. Breunig.**

Sechste Classe.

Classenlehrer: Dr. **Emerich Gabely.**

Religionslehre: Katholische Glaubenslehre nach **Conrad Martin's** Lehrbuch der katholischen Religion. II. Theil. 15. Aufl. 1873. Wöchentlich 2 Stunden. Dr. **Ernest Hauswirth.**

Lateinische Sprache: C. Sallustii Crispi Jugurtha. Cap. 1—60, Ausgabe von **G. Linker** Vindob. 1874. P. Virgilii Maronis Aen. libri I. und II. Ausgabe von **E. Hoffmann.** 7. Aufl. Vindob. 1875. M. Tullii Ciceronis in Catilinam or. I. und II. Ausgabe von **R. Klotz** 1873. C. Julii Caesaris comment. de bello civili lib. III. Cap. 82—112. Ausgabe von **F. Oehler** Lipsiae 1870. Aufgaben zum Uebersetzen in's Lateinische für Tertia, von **Aug. Haacke.** 4. Aufl. Berlin 1874. Wiederho'ung der ganzen Grammatik nach dem Lehrbuche von **Ellendt Seiffert,** 15. Aufl. Berlin 1875. Alle 14 Tage eine schriftliche Schularbeit. Wöchentlich 6 Stunden. Dr. **Andreas Borschke.**

Griechische Sprache: Homer's Ilias. 15., 16. und 17. Buch. Epitome von **Hochegger.** Herodot, 5. Buch. Epitome von **Wilhelm.** Grammatik von **Curtius.** §. 559—596. Die schriftlichen Arbeiten nach Vorschrift. Wöchentlich 5 Stunden. **Bernhard Frieb.**

Deutsche Sprache: Mittelhochdeutsch: Das Nothwendigste aus der mittelhochdeutschen Laut- und Formenlehre. Lectüre aus dem mittelhochdeutschen Lesebuch von Dr. **K. Reichel**. 2. Aufl. Bedeutende Stücke aus dem Nibelungenliede, aus Gudrun, aus Reinhart Fuchs, der grössere Theil der lyrischen Gedichte; die Predigt von Berthold von Regensburg. Die Hauptmomente der mittelhochdeutschen Literaturgeschichte. Monatlich 1 Schul- und 1 Hausarbeit. Wöchentlich 3 Stunden. **Hugo Mareta.**

Geographie und Geschichte: Im 1. Semester: Fortsetzung der römischen Geschichte vom 2. Triumvirat bis zum Schlusse. Geschichte des Mittelalters bis zum Zeitalter der Kreuzzüge.

Im 2. Semester: Fortsetzung bis zur Geschichte der neuen Zeit. **Pütz**, Grundriss für die oberen Classen, 1. Band 1873. **Gindely**, Lehrbuch der allgemeinen Geschichte für Ober-Gymnasien. II. Band. 3. Aufl. 1857. Wöchentlich 3 Stunden. **Columban Welleba.**

Mathematik: **Algebra**: Potenzen, Wurzeln, Logarithmen, Gleichungen des ersten Grades mit einer und mehreren Unbekannten. Nach Dr. **Franz Ritter v. Močnik's** Lehrbuch der Algebra für die oberen Classen. 14. Auflage. 1875.

Geometrie: Die Stereometrie. Die ebene Trigonometrie. Nach **Močnik's** Lehrbuch, 12. Auflage 1874. Wöchentlich 3 Stunden. Dr. **Emerich Gabely.**

Naturgeschichte: Zoologie nach: Leitfaden der Zoologie von Dr. **Oscar Schmidt**. 3. Aufl. 1874. Wöchentlich 3 Stunden. Dr. **Ferdinand Brennig.**

Siebente Classe.

Classenlehrer: **Hugo Mareta.**

Religionslehre: Katholische Sittenlehre nach **Conrad Martin's** Lehrbuch, II. Theil, 15. Aufl. 1873. Dr. **Ernest Hauswirth.**

Lateinische Sprache: Cicero pro S. Roscio Amerino, dann cursorisch in Verrem II, 4. Ausgabe von **R. Klotz.** Virgil. Aen. II. und IV. Ausgabe von **E. Hoffmann.**

7. Aufl. 1875. Jede 2. Woche eine Schularbeit. 40 Nummern aus **Süpfle's** lat. Stilübungen. 2. Theil. 15. Aufl. 1874. Wöchentlich 5 Stunden. **Hugo Mareta.**

Griechische Sprache: Sophokles: Philoktet. (**Teubner'sche** Textausgabe.) Demosthenes: κατὰ Φιλίππου Α und περὶ τῆς εἰρήνης (**Teubner'sche** Textausgabe.) Homer, Odyssee 10., 11. Buch. (**F. Pauli's** Epitome.) Schriftliche Arbeiten nach Vorschrift. Wöchentlich 4 Stunden. **Bernhard Frieb.**

Deutsche Sprache: Lectüre ausgewählter Lesestücke aus **Egger's** deutschem Lesebuche für das Ober-Gymnasium, II. Theil. 4. Aufl. 1875. mit den nöthigen Sacherklärungen, verbunden mit Memorieren und Vortrag ausgewählter Lesestücke. Monatlich 1 Schul- und 1 Hausarbeit. Wöchentlich 3 Stunden. **Hugo Mareta.**

Geographie und Geschichte: Geschichte der Neuzeit mit ausführlicher Entwicklung der vaterländischen Verhältnisse und mit Hervorhebung der einschlägigen geographischen Daten. **Gindely.** Lehrbuch der allgemeinen Geschichte für Ober-Gymnasien, III. Band, 3. Aufl. 1873. Wöchentlich 3 Stunden. Dr. **Ernest Hauswirth.**

Mathematik: Algebra: Quadratische und unbestimmte Gleichungen. Progressionen und deren Anwendung. Die Lehre von den Permutationen, Combinationen und Variationen, die Elemente der Wahrscheinlichkeitsrechnung. Binomischer Lehrsatz. Nach **Močnik's** Lehrbuch der Arithmetik und Algebra für die oberen Classen der Mittelschulen. 13. Aufl. Wien 1874.

Geometrie: Wiederholung der Elemente der Trigonometrie. Elemente der analytischen Geometrie. Nach **Močnik's** Lehrbuch der Geometrie für die oberen Classen der Mittelschulen. 12. Aufl. Wien 1874. Wöchentlich 3 Stunden. **Alfred Nitzelberger.**

Naturlehre: Einleitung. Allgemeine Eigenschaften und Unterschiede der Körper. Gesetze der chemischen Verbindungen und Zerlegungen. Lehre vom Gleichgewichte überhaupt, dann der festen und tropfbarflüssigen Körper. Gesetze der Bewegung überhaupt und der tropfbar-flüssigen Körper. Nach Dr. **F. Jos.**

Pisko's Lehrbuch der Physik für Ober-Gymnasien und Ober-Realschulen. 3. Aufl. 1873. Wöchentlich 3 Stunden. Dr. **Sigmund Gschwandner.**

Philosophische Propädeutik: Logik nach Dr. **J. v. Lichtenfels'** Lehrbuch zur Einleitung in die Philosophie. 5. Aufl. 1863. 2 Stunden wöchentlich. Dr. **Sigmund Gschwandner.**

Achte Classe.

Classenlehrer: Dr. **Sigmund Gschwandner.**

Religionslehre: Geschichte der christlichen Kirche nach dem Werke von Dr. **J. Fessler.** 3. Aufl. 1868. Wöchentlich 2 Stunden. Dr. **Ernest Hauswirth.**

Lateinische Sprache: C. Corn. Tacitus Histor. I. 1—50. III. (Ausgabe **Halm.** Leipzig 1872.) — Aus Q. Horatius Flaccus ausgewählte Oden. Epoden 1. 2. 7. 9. 13. Satir I. 1. Epist. I. 2. 10. (Ausgabe **Grysar.** Wien 1870.) Jede zweite Woche eine schriftliche Schularbeit. Uebersetzungen aus C. F. **Süpfle's** latein. Stilübungen II. Carlsruhe 1870. Wöchentlich 5 Stunden. Dr. **Clem. Kickh.**

Griechische Sprache: Platon: Phaedon. (**Teubner'sche** Textausgabe, 1874.) Sophokles: Oedipus Colon. von 1—1098. (**Teubner'sche** Textausgabe, 1872.) Homer: Odyssee 18., 19., 20., 21. Buch. (**Fr. Pauly's** Epitome, 1864.) Wiederholung der Grammatik. Schriftliche Arbeiten nach Vorschrift des Organisations-Entwurfes. Wöchentlich 5 Stunden. **Heinr. Mascheck.**

Deutsche Sprache: Lectüre aus **Egger's** deutschem Lesebuch für das Ober-Gymnasium. III. Theil, 2. Aufl. 1873, mit literaturgeschichtlichen und sachlichen Erklärungen, Memorieren und Declamieren ausgewählter Lesestücke.

Die Lehre von den Dichtungsarten. **Goethe's** Hermann und Dorothea, **Schiller's** Wilhelm Tell.

Monatlich 1 Haus- und 1 Schularbeit. Wöchentlich 3 Stunden. **Hugo Mareta.**

Geographie und Geschichte: Oesterreichische Vaterlandskunde, nach **Hannak's** Lehrbuch für die höheren Classen der Mittelschulen. 4. Aufl. 1875. Wöchentlich 3 Stunden. Dr. **Ernest Hauswirth.**

Mathematik: Wiederholung des ganzen Lehrstoffes und Einübung in angemessenen Beispielen. Wöchentlich 2 Stunden. Nach Dr. **Fr. Ritter v. Močnik's** Algebra. 12. Aufl. 1872 und Geometrie 11. Auflage 1872. Dr. **Emerich Gabely.**

Naturlehre: Aerostatik, Wellenbewegung, Akustik, Optik, Magnetismus, Elektricität, Wärmelehre, Astronomie und mathematische Geographie, Meteorologie. Nach Dr. **F. Jos. Pisko's** Lehrbuch der Physik für Ober-Gymnasien und Ober-Realschulen, 3. Aufl. 1873. Wöchentlich 4 Stunden. Dr. **Sigm. Gschwandner.**

Philosophische Propädeutik: Psychologie und allgemeine Einleitung in die Philosophie; nach Dr. **J. v. Lichtenfels'** Lehrbuch zur Einleitung in die Philosophie. 5. Aufl. 1863. Wöchentlich 2 Stunden. Dr. **Sigm. Gschwandner.**

C.

Themata

zu deutschen Aufsätzen, von den Schülern des Ober-Gymnasiums im Schuljahre 1876—1877 bearbeitet.

Fünfte Classe.

1. Bericht über die Privatlectüre während der Ferien. In Form eines Briefes. (Schularbeit.)
2. Schilderung einer Herbstlandschaft.
3. Zur Auswahl:
   a) Der Allerseelentag. Eine Schilderung und Betrachtung.
   b) Die Enthüllung des Schillerdenkmales und die bei dieser Gelegenheit abgehaltenen Festlichkeiten. (Schularbeit.)
4. In welcher Weise kann selbst der einzelne Schüler zur Herstellung und Förderung eines guten Geistes in seiner Classe beitragen?
5. Zur Auswahl:
   a) Warum gilt das Weihnachtsfest für das schönste Fest des Jahres?
   b) Was enthält das oft gehörte Sprichwort „Geld regiert die Welt" Wahres und Falsches?
6. Von Goethe's Parabel „Adler und Taube" soll der Inhalt nebst der darin enthaltenen Lehre angegeben werden. (Schularbeit.)
7. Wodurch gelangten die Phönicier zu weltgeschichtlicher Bedeutung? (Schularbeit.)
8. Die Schlacht bei Kunaxa, nach Xenophon.
9. Ueber das Sprichwort: „Keine Eiche fällt mit einem Streiche." (Schularbeit.)
10. Thema nach eigener Wahl.
11. Die Macht des Gesanges. Erzählung nach Schiller's „Die Kraniche des Ibycus". (Schularbeit.)
12. Metrischer Versuch.
13. Wie sucht sich der Ritter in Schiller's „Kampf mit dem Drachen" gegen die Vorwürfe des Grossmeisters zu rechtfertigen? (Schularbeit.)

14. Rettung des von den Samnitern eingeschlossenen römischen Heeres durch den Tribunen P. Decius Mus. Nach Livius.

15. Betrachtung über den Satz: „Unglück, das gemeine Seelen niederschlägt, gibt besseren gewöhnlich neuen und höheren Schwung". Besonderes Gewicht wird gelegt auf passende Beispiele aus der Geschichte und dem gewöhnlichen Leben. (Schularbeit.)

Sechste Classe.

1. Durch Beispiele aus der griechischen Geschichte soll die Richtigkeit des Satzes nachgewiesen werden. „concordia res parvae crescunt, discordia maximae dilabuntur."

2. Ein Spaziergang an einem schönen Frühlingsmorgen. Eine Schilderung. (Schularbeit.)

3. Wie erwarb sich Rom die Weltherrschaft?

4. Gedanken Hannibal's beim Abschied von Italien. (Schularbeit.)

5. Charakterschilderung Siegfried's nach dem Nibelungenliede.

6. Rede des Papstes Leo an Attila. (Schularbeit.)

7. Die Burgunden in Bechlarn. Eine Schilderung nach dem Nibelungenliede. (Schularbeit.)

8. Warum konnten die Römer die Germanen nicht unterwerfen?

9. Rede des Hermann vor der Schlacht im Teutoburgerwalde. (Schularbeit.)

10. Warum stimmt der Anblick einer Ruine wehmüthig?

11. Rüdiger von Bechlarn als Urbild deutscher Treue. (Schularbeit.)

12. Welche Gottheiten wirken im ersten Gesang von Virgil's Aeneide auf das Schicksal des Aeneas ein?

13. Antwortsrede eines der Gesandten des Jugurtha auf die Rede des Adherbal im Senate Sall. Jug. 14. 15. (Schularbeit.)

14. Philipp von Macedonien und Pipin der Kleine. Eine historische Parallele.

15. Rede des Octavianus vor der Schlacht bei Actium. (Schularbeit.)

Siebente Classe.

1. Karl der Grosse und Alexander der Grosse. Eine historische Parallele.
2. Warum verweilen wir so gerne bei den Ruinen alter Burgen? (Schularbeit.)
3. Ueber das Sprichwort: „Böse Gesellschaft verdirbt gute Sitten".
4. Der anbrechende Abend im Walde. Eine Schilderung. (Schularbeit.)
5. Der Deutsche hat Grund auf seinen Namen stolz zu sein. Im Anschluss an Klopstock's Ode: Mein Vaterland.
6. Was sagt Cicero in seiner Rede für S. Roscius aus Ameria über den Ackerbau und dessen Bedeutung?
7. Selbstgespräch Karl's V. vor dem Kloster St. Just. (Schularbeit.)
8. Regulus nimmt Abschied von Rom. Ein metrischer Versuch.
9. Der blühende Apfelbaum. Eine Betrachtung. (Schularbeit.)
10. „Principibus placuisse viris non ultima laus est."
11. Betrachtungen beim Anblick des gestirnten Himmels. (Schularbeit.)
12. Wie zeigt Virgil im zweiten Buch der Aeneide, dass Aeneas gegen seinen Willen, auf Geheiss und unter Mitwirkung der Götter Troja verlassen habe?
13. Wie lässt sich die rasche Auflösung der Reiche Alexanders des Grossen und Carls des Grossen erklären?
14. Schiller schildert in seiner Ballade den Charakter Rudolfs von Habsburg so, dass wir seine Wahl zum deutschen König eine glückliche nennen müssen. (Schularbeit.)

Achte Classe.

1. Was gewährt einem Lande Schutz gegen Angriffe auswärtiger Feinde?
2. Wie spricht die herbstliche Natur zu uns? (Schularbeit.)
3. Wer ist ein Gebildeter?
4. „Mit des Geschickes Mächten
   Ist kein ew'ger Bund zu flechten".
5. Die Noth — eine Erzieherin der Völker.

6. „Gefährlich sind des Ruhmes hohe Bahnen".

7. Betrachtungen eines Studierenden über Goethe's Worte:

„Ein unnütz' Leben ist ein früher Tod." (Schularbeit.)

8. Es soll die Wahrheit des Sprichwortes: „Ehrlich währt am längsten", nachgewiesen werden.

9. Fischer-, Hirten- und Jägerleben nach Schiller's Tell I, 1. (Schularbeit.)

10. Nil sine magno
Vita labore dedit mortalibus. Hor. sat. I. 9. 59.

11. Napoleons letzte Gedanken auf Helena. Ein Monolog. (Schularbeit.)

12. Welchen Sinn hat der Spruch von Rückert:
Vor Jedem steht ein Bild des, was er werden soll.
So lang er das nicht ist, ist nicht sein Friede voll.
und wie lässt er sich begründen?

13. Gewitter und Krieg. Eine Parallele. (Schularbeit.)

14. Worin besteht die wahre Vaterlandsliebe, und wie äussert sie sich? (Maturitätsprüfungs-Arbeit.)

D.
Lehrmittel-Sammlung.

Das physikalische Cabinet

erhielt im Jahre 1877:

Capillar-Platten mit Rahmen.
Hebel-Apparat für den schiefen Zug.
Schritt-Zähler.
Mathematisches Pendel.
Apparat zum Falle durch Sehne und Durchmesser.
Wasserzerstäubungs-Apparat.
Gewichts-Aräometer nach Charles.
Babinet's Hahn (Modell.)
Schieberventil (Modell.)
Magisches Tintenfass.
Diffusions-Apparat.
Heronsball zum Versuche unter dem Recipienten der Luftpumpe.
Anemometer.
Frick's Apparat, um nachzuweisen, dass sich im lufterfüllten Raume ebenso viel Dampf bildet, als im luftleeren.
Apparat zur Ermittlung des Siedepunktes verschiedener Flüssigkeiten.
Apparat für Longitudinal-Schwingungen mit drei Stäben.
4 in Accord gestimmte Stimmgabeln auf Resonanz-Kästchen.
Stimmhorn.
Savart's Apparat für Membranen.
1 längerer Stahlstab und 1 Stab aus weichem Eisen.
1 Hartgummi-Stab.
Tangenten-Bussole mit konischem Reife.
Galvanischer Vergoldungs- u. Versilberungs-Apparat.
Würfel von Flussspath.

Diese Apparate sind von W. T. Hauck in Wien bezogen worden.

Naturhistorische Sammlung.

Die Konchilien-Sammlung wurde durch eine bedeutende Anzahl von Species vermehrt und manche Abtheilungen der naturhistorischen Sammlung durch Geschenke bereichert, so von Seiner Durchlaucht Fürsten Ferdinand Kinsky, Grafen Wallis und Herrn Georg Ampler, Steueramtscontrolor in Efferding durch ausgestopfte Vögel; von Prof. Dr. Sigmund Gschwandner durch Quecksilbererze aus Idria; von Herrn Franz Irmler durch ein Skelett von Silurus glanis; von den Schülern Graf Pötting-Persing, Pauli Ernst und Hladik Jaroslav durch Schmetterlinge, getrocknete Pflanzen und Mineralien, wofür der Lehrkörper seinen innigsten Dank ausspricht.

Die Gymnasial-Bibliothek

wurde auch heuer theils durch die Fürsorge des Hochwürdigsten Herrn Stiftsabtes, theils durch freundliche Zusendungen und Spenden bereichert. Unter den Spenden ist besonders zu erwähnen ein Album von photographischen Donau-Ansichten, welches Herr Adalbert Dollmayr der Bibliothek zum Geschenke machte, und wofür der Lehrkörper seinen herzlichen Dank ausspricht.

E.
Schülerlade.

Die diesmalige Rechnungsübersicht zeigt nahezu denselben Stand der Einnahmen und Ausgaben im abgeschlossenen Studienjahre 1876/77, wie in dem unmittelbar vorangegangenen. Die Quellen der Zuflüsse blieben wesentlich dieselben. Die öffentlichen Schüler thaten sich wieder durch namhafte Gaben hervor.

Man war in der erwünschten Lage, 50 Schülern wirksame Aushilfen in verschiedenem Ausmasse mit dem Gesammtbetrage von 788 fl. zu gewähren, wozu noch die Ausgabe von 10 fl. 60 kr. behufs Ankaufes von Schulbüchern für mehrere Studirende gerechnet werden muss.

A. Einnahmen.

1. Die öffentlichen Schüler steuerten nachfolgende gesammelte Beträge bei:

in der 1. Cl. *A* 49 fl., *B* 24 fl. 70 kr. zus. fl. 73.70
„ „ II. „ . . . . „ 86.50
„ „ III. „ . . . . „ 72.50
„ „ IV. „ . . . . „ 47.—
„ „ V. „ . . . . „ 111.—
„ „ VI. „ . . . . „ 56.—
„ „ VII. „ . . . . „ 59.20
„ „ VIII. „ . . . . „ 27.—

Zusammen . fl. 532.90

2. Die nachbenannten Privatisten widmeten der Schülerlade ebenfalls wohlthätige Spenden: Die Grafen Albert und Johann Nemes (I. u. IV. Cl.) 10 fl.; die Grafen Alois und Carl Trauttmansdorff (IV. Cl.) 10 fl.; Baron Carl Hackelberg (V. Cl.) 5 fl.; die Fürsten Alois und Johann Schwarzenberg (V. und VI. Cl.) 20 fl.; Graf Carl Kinsky (VIII. Cl.) 20 fl. und wieder 50 fl.; der Abiturient Graf August Bellegarde 20 fl.; der Abiturient Graf Franz Königsegg 20 fl.

Zusammen . . . fl. 155

3. Von **Wohlthätern** gingen ein: 20 fl. von Herrn Dr. Eduard Sturm, Hof- und Gerichts-Advokaten; 5 fl von einem Ungenannten; 4 fl. von der Gymnasial-Direction.

Zusammen . . . fl. 29

4. Die ganzjährigen **Interessen** der Bergmiller'schen Stiftung fl. 294 und der Dietrichstein-Mensdorff'schen Stiftung fl. 420.

Zusammen . . . fl. 298.20

5. **Barer Cassarest** vom vorigen Jahre „ 13.61

Hauptsumma der Einnahmen . fl. 1028.71

B. Ausgaben.

1. Aushilfen erhielten: *a)* im I. Semester:

in der 1. Cl.	1 Sch. fl. 20. 4 Sch. à fl. 15, 1 Sch. fl. 10. zusammen	. . fl. 90
„ II. „	3 Sch. à fl. 25	„ 75
„ III. „	2 Sch. à fl. 20. 2 Sch. à fl. 15,.	„ 70
„ IV. „	2 Sch. à fl. 15, 3 Sch. à fl. 10,	„ 60
„ V. „	3 Sch. à fl. 25	„ 75
„ VI. „	2 Sch. à fl. 25	„ 50
„ VII. „	2 Sch. à fl. 25	„ 50
„ VIII. „	3 Sch. à fl. 10	„ 30

Somit an 28 Schüler vertheilt die Summe von fl. 500

b) im II. Semester:

in der I. Cl.	3 Sch. à fl. 15 zus. . . .	fl. 45
„ „ II. „	1 Sch. fl. 18. 1 Sch. fl. 16 und 1 Sch. fl. 14 zus.	„ 48
III. „	3 Sch. à fl. 12 zus.	„ 36
„ „ IV. „	3 Sch. à fl. 10 „	„ 30
„ „ V. „	3 Sch. à fl. 15 „	„ 45
„ VI. „	2 Sch. à fl. 15 „	„ 30
VII. „	2 Sch. à fl. 15 „	„ 30
VIII. „	3 Sch. à fl. 8 „	„ 24

Also wieder 22 Schüler unterstützt mit fl. 288.—

2. Zum Ankauf von Lehrbüchern verwendet .. 10.60

3. Zur Capitalsanlage der von den Statuten vorgeschriebene fünfte Theil der Jahres-Einnahmen . . . . „ 205.74

Hauptsumme der Ausgaben . fl. 1004.34

C) Recapitulation.

Einnahmen: a) Wohlthätige Spenden:
α) Der öffentl. Schüler fl. 532.90
β) Der Privatisten . . ., 155.—
γ) Anderer Wohlthäter ., 29.—

Zusammen . . fl. 716.90
b) Jahres-Interessen 298.20
c) Barer Cassarest . . . ., 13.61

Hauptsumme . . fl. 1028.71

Ausgaben: a) Aushilfen an Schüler . fl. 788.—
b) Ankauf von Büchern . . ., 10.60
c) Capitalisirter Betrag . . . ,, 205.74

Hauptsumme . . . fl. 1004.34

Cassarest nach Abzug der Ausgaben von den Einnahmen . . . . ,, 24.37

D) Vermögensstand.
1. Eine vinkulirte Staatsschuld-Verschreibung Nr. 79678 per . . . . fl. 7000
2. Eine vinkulirte Staatsschuld-Verschreibung Nr. 97689 per 100
3. In der Sparkasse hinterlegter Capitalsbetrag fl. 832.44
4. Bares Geld . . . . ,, 24.37

Schliesslich wird allen mildthätigen Spendern der wärmste Dank gesagt und die Schülerlade dem freundlichen Wohlwollen dringend empfohlen.

Die etwa nach Abschluss der Jahresrechnung noch einlaufenden Beiträge werden im Berichte des nächsten Schuljahres zur Veröffentlichung gelangen.

WIEN am 24. Juni 1877.

Dr. E. Hauswirth.

F.
Gymnasial-Chronik.

Am 16. September 1876 wurde mit einem feierlichen, von dem Hochwürdigsten Herrn Prälaten abgehaltenen Hochamte, unter Anrufung des heiligen Geistes, das neue Schuljahr eröffnet und hierauf die schriftliche, sowie am 18. die mündliche Aufnahmsprüfung der für die erste Classe Vorgemerkten begonnen.

Da bald nach der Eröffnung des Schuljahres der Director, welcher in einer der beiden ersten Classen die lateinische und deutsche Sprache zu lehren übernommen hatte, bedenklich erkrankte, wurden mit Genehmigung des Hochlöblichen k. k. nieder-österr. Landesschulrathes diese Parallelclassen in eine einzige, durchaus nicht überfüllte erste Classe zusammengezogen.

Am 4. October feierte die Lehranstalt das hohe Namensfest Sr. k. k. Apost. Majestät, indem bei einer heiligen Messe um 8 Uhr Morgens unter Orgelbegleitung das Kaiserlied abgesungen wurde. Der Tag wurde frei gegeben.

Auf gleiche Weise feierte sie am 19. November das hohe Namensfest und am 24. December das hohe Geburtsfest Ihrer Majestät unserer allergnädigsten Kaiserin. Auch wurden von diesem Tage an bis zum 2. Jänner 1877 die Weihnachtsferien angeordnet.

Am 10. Februar 1877 wurde das erste Semester geschlossen und die studierende Jugend mit ihren Zeugnissen entlassen.

Am 14. Februar wurde das zweite Semester eröffnet und der Unterricht nach der Vorschrift in allen Classen begonnen.

Am 1. März erschien der k. k. Landesschulinspector, Herr Adolf Lang, zur Visitation der Lehranstalt, wohnte sogleich und an den folgenden Tagen dem Unterrichte in verschiedenen Classen bei, untersuchte die schriftlichen Arbeiten der Schüler und hielt am 9. eine Conferenz mit dem Lehrkörper, in welcher er seine Zufriedenheit mit dem Zustande des Gymnasiums und einige Wünsche aussprach. Am 10. März schloss er die Visitation mit einem Besuche des Unterrichtes in der französischen Sprache.

Am 21. März, dem Gedächtnisstage des heiligen Benedict, wohnten die Studierenden um 8 Uhr einer feierlichen heiligen Messe bei. Der Unterricht begann um halb 9 Uhr und wurde um halb 1 Uhr beendigt.

Die beiden nach der Anordnung des hohen k. k. Ministeriums vom Director im Laufe des Schuljahres einzutheilenden Ferialtage wurden am 13. Jänner, dem Todestage Herzogs Heinrich Jasomirgott, des Stifters der Schottenabtei, und am 1. Mai gegeben.

Für die Supplirung des Religionslehrers im Unter-Gymnasium, Paul Nuttil, welcher zur Wiederherstellung seiner zerrütteten Gesundheit im Verlaufe des zweiten Semesters die Lehranstalt verlassen musste, wurde durch den Hochwürdigsten Herrn Prälaten unverzüglich gesorgt.

Die mündlichen Maturitätsprüfungen wurden am 3., 4. und 5. Juli abgehalten.

Am 14. Juli wurde das Schuljahr mit einem feierlichen Dankamte geschlossen, die Studierenden erhielten ihre Zeugnisse und wurden in die Ferien entlassen.

G.
Die wichtigsten Erlässe der hohen Schulbehörden

im Laufe des Studienjahres 1877.

(Mit Ausschluss der im Verordnungsblatte des k. k. Unterrichts-Ministeriums enthaltenen Normalien.)

Deharbes' grosser katholischer Katechismus nebst einem Abrisse der Religionsgeschichte ist zum Lehrgebrauche nicht zulässig erklärt, und wo er sich findet, sogleich ausser Gebrauch zu setzen.

K. k. n.-ö. Landesschulrath ddo. 18. October 1876, Z. 7523.

Bezüglich der unter der Jugend herrschenden Diphtheritis werden Weisungen gegeben.

K. k. n.-ö. Landesschulrath ddo. 29. November 1876, Z. 8889.

Im 2. Semester sind dem naturwissenschaftlichen Unterrichte auch in der 3. Classe wöchentlich 3 Stunden zuzuweisen und über die durch Contraction der beiden Curse der Prima im Stundenplane sich etwa ergebenden Aenderungen ist Bericht zu erstatten.

K. k. n.-ö. Landesschulrath ddo. 29. November 1876, Z. 6896.

Die Direction wird ermächtigt, während der herrschenden Diphtheritis den für katholische Schüler vorgeschriebenen Gottesdienst an Sonn- und Feiertagen zu sistiren.

K. k. n.-ö. Landesschulrath ddo. 6. December 1876, Z. 8859.

Die Verordnung des hohen k. k. Ministeriums für Cultus und Unterricht bezüglich der Bestellung und Verwendung von Probecandidaten wird übermacht.

K. k. n.-ö. Landesschulrath ddo. 13. December 1876, Z. 9090.

Die Amtshandlung rücksichtlich solcher Schüler, die in zwei auf einander folgenden Semestern ein Zeugniss 3. Classe erhalten haben, wird genau vorgeschrieben.

K. k. n.-ö. Landesschulrath ddo. 9. Mai 1877, Z. 2819.

II.

Verzeichniss der Abiturienten,

welche sich am hiesigen Gymnasium im Schuljahre 1876 der Maturitäts-Prüfung unterzogen und das Zeugniss der Reife erhalten haben.

Zahl	Name	Alter	Geburtsort	Dauer der Studien	Note	Gewähltes Berufsstudium
		Jahre		Jahre		
1	Appel Karl ...	17	Wien	8	reif	Rechtswissenschaft
2	Graf Bellegarde August	18	Hacking in N.-Oest.	8	reif m. Ausz.	Rechtswissenschaft
3	Bündsdorf Karl	19	Wien	8	reif	Medicin
4	Graf Buquoy Ferdinand	19	Meidling in N.-Oest.	8	reif	Rechtswissenschaft
5	Czech Leopold .	17	Wien	8	reif mit Ausz.	Rechtswissenschaft
6	Deubler Ignaz .	20	Wien	8	reif	Staatsbeamter
7	Dewoletzky Rud.	18	Antonienhütte in Preuss.-Schlesien	8	reif mit Ausz.	Philosoph. Facultät
8	Diettrich Carl .	19	Wien	8	reif	Rechtswissenschaft
9	Freiherr v. Dumreicher-Oesterreicher Oskar.	19	Wien	8	reif	Philosoph. Facultät
10	Frisch Hugo ..	17	Wien	8	reif	Medicin
11	Gattoni Ludwig	19	Wien	8	reif	Rechtswissenschaft
12	Goldhann Josef	19	Wien	8	reif	Philosoph. Facultät
13	Goldscheid Siegfried	18	Wien	8	reif mit Ausz.	Rechtswissenschaft
14	von Heidt Karl	18	Wien	8	reif	Rechtswissenschaft
15	Hruschka Joh. .	18	Wien	8	reif	Rechtswissenschaft
16	Kana Heinrich .	18	Jassy in Rumänien	8	reif mit Ausz.	Rechtswissenschaft
17	Freiherr Klezl v. Norberg Alfons	18	Hietzing in N.-Oest.	8	reif mit Ausz.	Rechtswissenschaft
18	Graf Königsegg Franz	17	Wien	8	reif	Rechtswissenschaft
19	Kramolin Norb.	18	Wien	8	reif	Rechtswissenschaft
20	Krticzka Ritt. v. Jaden Emil ...	18	Pressburg in Ung.	8	reif	Rechtswissenschaft
21	Mages Ritter v. Kompillan Hein.	18	Rovigno in Istrien	8	reif mit Ausz.	Rechtswissenschaft
22	Mayerhofer Edl. von Grünbühl Franz Xaver..	18	Olmütz in Mähren	8	reif mit Ausz.	Rechtswissenschaft
23	Mentzel Leopold	19	Wien	8	reif	Theologie für den Weltpriesterstand

Zahl	Name	Alter	Geburtsort	Dauer der Studien	Note	Gewähltes Berufsstudium
		Jahre		Jahre		
24	Müller Karl...	20	Weidenau in Schlesien	8	reif	Rechtswissenschaft
25	Ritter von Nadherny Ernst..	19	Wien	8	reif	Rechtswissenschaft
26	Ritter v. Newald Theodor....	18	Wien	8	reif mit Ausz.	Rechtswissenschaft
27	Neumann Jakob	19	Komorn in Ungarn	8	reif	Medicin
28	Panesch Wilhelm	20	Wien	9	reif	Theologie für den Weltpriesterstand
29	Petz Johann..	19	Grossjedlersdorf in Nied.-Oesterreich	8	reif	Rechtswissenschaft
30	Pianta Carl..	19	Wien	8	reif	Communal-Buchhaltung
31	Freih. v. Pretis-Cagnodo Sisinio	17	Triest im Küstenlande	8	reif	Rechtswissenschaft
32	Ritter von Pusswald Alfred..	17	Eisenstadt in Ungarn	8	reif	k. k. Orientalische Akademie
33	Rischanek Josef	22	Leipnik in Mähren	8	reif	Rechtswissenschaft
34	Freiherr v. Ritter Heinrich....	19	Sirndorf in Nied.-Oesterreich	8	reif mit Ausz.	Rechtswissenschaft
35	Schack Carl..	20	Wien	8	reif	Rechtswissenschaft
36	Scheck Georg.	22	Meidling in N.-Oest.	8	reif	Philosoph. Facultät
37	Schödl Josef..	21	Thürnthal in Nied.-Oesterreich	8	reif	Rechtswissenschaft
38	Seberiny Johann	19	Schemnitz in Ungarn	8	reif mit Ausz.	Rechtswissenschaft
39	Spitzer Franz.	18	Wien	9	reif	Medicin
40	von Stein Ernst	18	Heiligenstadt in Nied.-Oesterreich	8	reif	Rechtswissenschaft
41	Wagner Friedr.	18	Wels in Ob.-Oesterreich	8	reif mit Ausz.	Rechtswissenschaft

Wiederholt wurde die Maturitäts-Prüfung mit günstigem Erfolge von 2.

Schriftliche Arbeiten der Abiturienten.

Aus der deutschen Sprache:

Worin besteht die wahre Vaterlandsliebe, und wie äussert sie sich?

Aus der lateinischen Sprache:

I. Cic. Tusculan. I. Capitel 25 (60, 61, 62, 63).

II. Aus J. Hemmerling's Uebungsbuch zum Uebersetzen pag. 99. Uebung XXXVI. „Ueber die Verfassung der Spartaner".

Aus der griechischen Sprache:

Aus Platon, Euthyphron, p. 4 A — 5 A (cap. IV).

Aus der Mathematik:

1. $\sqrt[3]{900}$ mit Hilfe des Binomialsatzes in 5 Decimalen zu berechnen.

2. Ueber dem Durchmesser eines Kreises sei ein rechtwinkeliges Dreieck errichtet, die Katheten seien die Seiten eines dem Kreise eingeschriebenen regelmässigen Sechs- und Dreieckes; es rotire das Dreieck um die Hypotenuse als Axe; es ist zu entwickeln das Verhältniss, in welchem die Oberfläche und der Cubikinhalt des Rotationskörpers zur Kugel stehen. Für $2r = 24^{dm.}$ die Rechnung durchzuführen.

3. Aus den drei Seiten eines Dreieckes: $a = 357\cdot94^{m}$. $b = 439\cdot72^{m}$ und $c = 502\cdot34^{m}$ die drei Winkel und die Fläche des Dreieckes zu bestimmen.

4. Die Eckpunkte eines Dreieckes ABC sind durch ihre rechtwinkeligen Coordinaten gegeben, und zwar für $A\ x_1 = 0$, $y_1 = +3$, für $B\ x_2 = +4$, $y_2 = 0$, für $C\ x_3 = +5$, $y_3 = +4$; es sind zu entwickeln:

1. Die Gleichungen der drei Geraden und zu bestimmen:
2. die Längen der drei Seiten,
3. die Fläche des Dreieckes.

J.
Statistische Uebersicht.

	Classe 1.A	1.B	2.	3.	4.	5.	6.	7.	8.	Zusammen
I. Zahl der Schüler.										
Oeffentliche Schüler im 1. Semester	77	—	65	61	57	51	38	42	26	417
Davon sind aufgestiegen	—	—	57	54	52	44	38	37	26	308
Repetenten der Anstalt	15	—	3	—	—	—	—	—	—	18
Neu eingetreten	62	—	5	7	5	7	—	5	—	91
Darunter Repetenten	1	—	—	1	1	—	—	1	—	4
Im 1. Semester ausgetreten	—	—	—	—	—	—	1	2	—	3
Blieben am Ende des 1. Semesters	77	—	65	61	57	51	37	40	26	414
Im 2. Semester eingetreten	—	—	—	—	1	—	1	—	—	2
Im 2. Semester ausgetreten	4	—	5	1	2	—	2	2	—	16
Blieben am Ende des 2. Semesters	73	—	60	60	56	51	36	38	26	400
Privatschüler im 1. Semester	19	—	5	3	6	8	4	1	1	47
Privatschüler im 2. Semester	16	—	5	4	6	8	4	1	1	46
II Fortgang der Schüler.										
1. Ausserordentliche Prüfungen.										
α) Aufnahmsprüfungen	83	—	4	—	—	2	—	2	—	91
Hievon reif erklärt	61	—	3	—	—	2	—	2	—	68
Hievon unreif erklärt	22	—	1	—	—	—	—	—	—	23
b) Nachträgliche Prüfungen für 1876.										
α) Der öffentlichen Schüler.										
Wiederholungsprüfungen waren gestattet	1	2	—	5	2	1	—	—	—	11
Hievon mit Erfolg abgelegt	1	2	—	4	2	1	—	—	—	10
Hievon ohne Erfolg abgelegt	—	—	—	—	—	—	—	—	—	—
Nicht erschienen	—	—	—	1	—	—	—	—	—	1
Ungeprüft blieben 1876	4	—	8	1	—	1	—	—	—	14
Hievon Nachtragsprüfung gemacht mit Erfolg	—	—	8	1	—	1	—	—	—	10
Hievon Nachtragsprüfung gemacht ohne Erfolg	—	—	—	—	—	—	—	—	—	—
Nicht erschienen	4	—	—	—	—	—	—	—	—	4
β) Der Privatschüler:										
Für das 2. Semester 1876:										
1. Classe mit Vorzug	—	—	—	—	—	—	—	—	—	—
1. Classe	2	—	2	—	—	—	—	—	—	4
2. Classe	—	—	1	—	—	—	—	—	—	1
3. Classe	—	—	—	—	—	—	—	—	—	—

Classe

	1. A	1. B	2.	3.	4.	5.	6.	7.	8.	Zusammen
2. Ordentliche Prüfungen.										
Im 1. Semester 1877.										
a) öffentliche Schüler:										
1. Classe mit Vorzug	13	—	6	13	11	16	12	9	9	89
1. Classe	39	—	34	38	34	25	20	29	17	236
2. Classe	17	—	21	8	10	8	5	2	—	71
3. Classe	8	—	4	2	2	1	—	—	—	17
Ungeprüft	—	—	—	—	—	1	—	—	—	1
b) Privatschüler:										
1. Classe mit Vorzug	8	—	—	—	2	6	2	1	1	20
1. Classe	7	—	5	3	4	2	2	—	—	23
2. Classe	4	—	—	—	—	—	—	—	—	4
3. Classe	—	—	—	—	—	—	—	—	—	—
I. 2. Semester 1877.										
a) öffentliche Schüler:										
1. Classe mit Vorzug	20	—	11	14	15	10	13	8	10	101
1. Classe	38	—	38	33	29	35	21	30	16	240
2. Classe mit Wiederholungsprüfung	6	—	—	7	6	5	1	—	—	25
2. Classe ohne Wiederholungsprüfung	7	—	10	5	6	—	1	—	—	29
3. Classe	2	—	1	—	—	—	—	—	—	3
Ungeprüft	—	—	—	—	—	1	—	—	—	—
b) Privatschüler:										
1. Classe mit Vorzug	10	—	—	1	3	5	2	1	1	23
1. Classe	2	—	5	2	3	3	1	—	—	16
2. Classe	2	—	—	—	—	—	—	—	—	2
3. Classe	—	—	—	—	—	—	—	—	—	—
Ungeprüft	2	—	—	1	1	—	1	—	—	5
III Alter der öffentlichen und Privat-Schüler										
am 14. Juli 1877.										
9 Jahre alt	2	—	—	—	—	—	—	—	—	2
10 „ „	23	—	—	—	—	—	—	—	—	23
11 „ „	28	—	12	1	—	—	—	—	—	41
12 „ „	23	—	24	21	2	—	—	—	—	70
13 „ „	12	—	20	17	19	2	—	—	—	70
14 „ „	1	—	5	14	18	14	1	—	—	53
15 „ „	—	—	—	4	13	21	8	3	—	49
16 „ „	—	—	4	6	6	14	22	6	—	58
17 „ „	—	—	1	4	6	6	18	12	—	47
18 „ „	—	—	—	—	—	2	—	9	9	20

Classe

	1. A	1. B	2.	3.	4.	5.	6.	7.	8.	Zus.
...							3	—	5	8
...							2	1	3	

IV. Muttersprache.

...	79	—	65	60	50	54	36	38	27	125
...	2		2	1						5
...			1	1						7
...	2									3
...						1				
...	1									

V. Religionsbekenntniss.

...holiken	81	—	50	53	16	49	35	31	22	340
...estanten A. C.			1	1	4	4	1	1	1	13
...likaner										1
...chen										1
...liten	8	—	13	10	9	1	5	4		59

VI. G...

...	59	—	43	39	37	17	27	18		100
...er-Oesterreich ... Wien	14	—	14	18	11	13	10		3	86
...-Oesterreich	1		2	1	—		1	1		6
...				2	2	2	1	2	1	10
...			6	4	4	3	3	1		25
...					2	1				3
...										2
...rig				1						1
...rn					2	3	9	3		17
...rgen										
...										2
...		2								2
...										6
...			2		2					4
...			1		1					2
...							1			3
...										1

Classe

VII. Geldleistungen.

	2	3	4	5	6	7	8
a) im 1. Semester	fl. kr.	fl. kr.	fl. kr.	fl. kr.	fl. kr.	fl. kr.	fl. kr.
Aufnahmstaxen	126.—		1.70		1.70		
Schulgeld zahlten		68					
Vom Schulgeld waren befreit	2	7	14	16	11	9	16
b) im 2. Semester	fl. kr.	fl. kr.	fl. kr.	fl. kr.	fl. kr.	fl. kr.	fl. kr.
Aufnahmstaxen	—	—	—	2.10	—	2.10	—
Schulgeld zahlten	77	60		46	48	32	
Vom Schulgeld waren befreit	14		13	16	11	8	

			5	1	—	—	
Stenographie				25	24	15	3
Turnen				11	8	4	—
Gesang	7					—	—
Freihandzeichnen	13				10	8	—
	20	1			—	2	2

Das nächste Schuljahr beginnt am 17. September, un Morgens mit einem feierlichen Hochamte.

Schüler, welche in die 1. Classe eintreten wollen, haben ihren Aeltern oder Vormündern am 11., 12., 13., 14., 15. und tember von 8 bis 12 Uhr in der Directionskanzlei zu melden Nachtrags- und Aufnahmsprüfungen anderer Schüler werd 14. und 15. September vorgenommen.

ALBERT ...SC...
Gymnasial...